영재교육의 실

Frances A. K

미성취 영재학생들을 위한 전략:
이들을 위한 대처 방안

When Gifted Students Underachieve:
What You Can Do About It

Sylvia Rimm 지음

안도희 · 김옥분 옮김

아카데미프레스

When Gifted Students Underachieve:
What You Can Do About It

The Korean language edition published by arrangement with Prufrock Press, Inc. through Agency-One, Seoul.

차 례

역자 서문

영재교육 전문가들은 영재학생들의 20~50%가 능력이 탁월함에도 불구하고 이를 충분히 발휘하지 못하여 저조한 성취를 보인다고 주장하고 있다. 그렇다면 영재학생들은 어떤 문제로 인해 자신의 능력을 제대로 발휘하지 못하는 것일까? 그리고 이들을 지도하기 위한 효과적인 교육 방안은 무엇이며, 이들의 미성취를 성취로 전환시키기 위해 가정과 학교에서는 어떠한 노력을 기울여야 하는가? 이는 미성취 영재아들을 양육하는 부모들과 일선 학교 현장에서는 이들의 교육을 담당하는 교사들이 지니고 있는 주된 궁금증이다.

이러한 궁금증을 해소하기 위해 이 책에서는 아동심리학자이자 미성취 영재 전문가인 Rimm 박사가 미성취 영재아들의 특성, 이들을 위한 가정과 학교에서의 지도 방안 그리고 이들의 미성취를 전환시키기 위해 도움이 되는 지침 등을 제공하고 있다.

따라서 미성취 영재아를 양육하는 부모들과 이들을 지도하는 교사들은 물론, 이 분야에 관심이 있는 연구자들이 이 책을 통해 미성취 영재에 대한 보다 폭넓은 시각을 갖게 될 것으로 기대한다.

끝으로 이 책이 나오기까지 교정을 도와준 김정남, 정재우, 김지아, 유지현 대학원생과 윤지민 학부생에게 고마움을 전하며, 느긋하게 기다려 주신 아카데미프레스의 홍진기 사장님과 편집부 여러분에게 깊은 감사를 드린다.

2007년 여름

역자

시리즈 서문

『영재교육의 실제적 전략 시리즈』는 교사, 상담가, 교육행정가, 부모 그리고 그 외에 이 분야에 관심이 있는 사람들에게 영재교육 분야에서 많이 논의되는 다양한 이슈들에 대한 최신 교수 기법과 정보를 제공해 준다. 이 시리즈의 각 권은 영재교육 분야에서 권위 있는 학자들에 의해 많이 논의되는 주제를 중심으로 소개되고 있다. 대표적인 주제는 다음과 같다.

- 영재 학습자들을 가르치기 위한 속진 전략
- 교육과정 압축: 잠재성이 뛰어난 학생들을 변별하기 위한 첫걸음
- 영재 학습자들을 위한 심화 기회
- 영재 학습자들을 위한 개별 연구 활동
- 영재학생들에게 동기 부여하기
- 영재아들을 가르치기 위한 질문 전략
- 사회적 · 정서적 교수 전략
- 영재 학습자들을 위한 매체공학 사용하기

들어가는 글

영재학생들의 미성취(underachievement)는 교육자, 부모 그리고 심지어는 영재학생 자신에게도 오랫동안 곤혹스러운 문제가 되어왔다. 미성취에 대한 개념이 다양하지만, 이 개념들은 모든 아이들의 능력과 성취 간의 불일치를 내포하고 있다(Baum, Renzulli, & Hébert, 1995; Butler-Por, 1987; Colangelo, Kerr, Christensen, & Maxey, 1993; Dowdall & Colangelo, 1982; Emerick, 1992; Lupart & Pyryt, 1996; Redding, 1990; Rimm, 1997; Supplee, 1990; Whitmore, 1980; Wolfle, 1991).

미성취에 대한 다양한 개념들은 능력과 성취를 어떻게 측정하느냐에 따라 달라진다. 따라서 구체적으로 IQ 점수와 성취 검사 점수 간의 차이에 의존하는 개념들이 있는 반면에, 성취 측정을 위해 성적이나 학교에서의 산출물을 사용하는 개념들도 있다. 이러한 미성취에 대한 조작적 개념은 많은 영재학생들이 어떻게 그리고 왜 미성취로 간주되는지에 대한 상당한 의견 차이를 낳게 할 수 있다. 예를 들면, IQ와 성취 검사 점수 간의 차이를 보이지 않는 학생은 개념에 따라서 미성취로 인식되지 않을 수 있지만, 이들이 학교에서 낮은 점수를 받게 되면 교사나 부모에 의해 미성취자로 간주될 것이다. 또한 정밀한 검사 점수만을 사용함으로써 미성취에 해당하는 학생 수를 과소추정하게 될 것이다. Reis와 McCoach(2000)는 정교한 조작적 정의들이 연구를 위한 명확성을 제공해 주지만, 미성취의 구체적인 원인을 규명하기에는 융통성이 부족하다고 지적한다.

아이들의 미성취에 대한 명확한 인과관계를 찾기는 어렵다. 미성취의 원인은 일반적으로 복잡하고 다양하다. Reis와 McCoach(2002)는 이에 대한 원인을 두 가지 범주—환경적 요인과 개인 내적 요인—로 전개하였다. 환경적인 범주에는 도전감을 불러일으키지 못하는 교실과 또래의 압박감, 급우들로부터의 따돌림, 가족의 역동성이 포함된다. 개인적인 범주는 우울 및 불안과 같은 내면화된 문제와 반항과 불응, 학습 문제, 자기조절의 결핍, 사회적 미성숙과 같은 외면화된 문제들로 구성된다.

문화적 다양성은 미성취를 야기하는 환경적 요인의 다양성을 의미한다. 미성취를 보이는 소수 민족의 학생들만이 경험하는 독특한 장애 요인에 관한 연구는 거의 이루어지지 않았다(Ford, 1996; Reis, Hébert, Diaz, Maxfield, & Ratley, 1995). Ford와 Tyson(2004)은 일부 교육자들이 문화적인 차이를 인식하지 못하며, 문화적 차이는 심지어 존재하지도 않는 것으로 생각한다고 주장하였다. 또한 많은 이들이 가정한 바와 같이, 현재의 판별 접근방법이 공정하지 못하여 소수 민족의 영재학생들을 판별해 내지 못한다면(Baldwin, 1987; Ford, 1996; Frasier & Passow, 1994), 이러한 모집단으로부터 미성취 영재학생도 판별해 내지 못하게 될 것이다. 또한 가족과 또래들이 지니고 있는 성취에 대한 개념이 문화에 따라 종종 다르게 나타나므로, 이들이 지니고 있는 성취에 대한 개념으로 인해 때로는 주류 문화에 이들을 성공적으로 개입시키기 어려워진다.

미성취의 특성

미성취자들은 주의가 산만한 경향이 있다. 그들은 종종 빈둥거리고, 숙제하는 것을 잊고, 과제물을 분실하고, 책을 어디에 두었는지 모른다. 그들은 공상에 빠지고, 주의 깊게 듣지 않고, 창밖을 내다보고, 다른 아이들에게 과도하게 말을 건다. 그들은 부실한 공부기술을 가지고 있거나, 공부기술을 전혀 갖고 있지 않다. 어떤 미성취자들은 느리고 완벽주의적 성향을 가지고 있으며, 심지어 과제를 다 끝마치지 못한다. 반면에 어떤 미성취자들은 과제를 재빨리 끝마치는데, 이는 이들이 과제의 질보다는 과제를 가장 먼저 끝마치는 것에 지나친 관심을 두기 때문이다.

미성취자들 중에는 책을 절대 흥미 삼아 읽지 않는 학생들이 있다. 반면에 도피 수단으로 독서에 몰입하는 학생들도 있다. 이러한 학생들은 숙제를 해야 할 시간에 특히 독서하기를 좋아한다. 텔레비전, 컴퓨터 또는 비디오 게임 또한 미성취 학생들에게 대안적인 도피 수단의 기능을 한다.

창의적인 미성취자들은 많은 비범한 아이디어를 가지고 있을지도 모르지만, 이를 마무리 단계까지 전개해 나가는 경우는 거의 없다. 그들은 시작한 것을 끝마치지 못하는 것으로 보인다. 미성취 자녀를 둔 부모들은 종종 자신의 자녀가 "남들과 다르다."고 말하며, 학교에서 '지나치게 창의적'이라고 설명할지도 모른다(Smutny, 2004).

미성취자들은 종종 셀 수 없이 많은 방어기제를 사용한다. 그들이 어릴 때는 학교가 '지루한' 곳이었으며, 더 성장했을 때는 학교는 자신과 '무관한' 곳이라고 말한다. 저조한 성적에 대해 이들은 개의치 않는다고 말하며, 이에 대해 미성취자들은 전형적으로 '형편없는 교사들'을 비난한다. 그들은 드라마, 스포츠, 음악 또는 사회생활을 하는 것이 학교 공부보다 더 중요하다고 생각한다. "괴짜(geek)가 되길 원하는 사람이 어디 있는가?"라고 그들은 반박한다. 몇몇 미성취자들은 성취는 그들의 부모가 추구하는 바이지 그들 자신이 추구하는 바는 아니라고 주장하며, 그들이 안고 있는 문제들을 다른 형제자매와의 '부당한' 비교 또는 부모가 가하는 '부당한' 압력의 탓으로 돌린다. 모든 미성취자들이 동일한 특성을 보이는 것은 아니지만, 대부분의 미성취자들은 이러한 특성을 보인다고 할 수 있다.

내적 통제소재

좋지 못한 공부 습관, 비조직화 그리고 이들의 미성취에 대한 변명의 기저에는 이들의 교육적 성공(educational success)을 위한 개인적 통제의 결핍감이 널리 퍼져 있다. 미성취자들은 열심히 공부한다 해도 그들 스스로 설정한 목적에 도달할 수 있을 것이라고 실제로 믿지 않는다. Siegle(2004)은 이러한 느낌을 자기효능감의 부족으로 설명하며, 낮은 자기효능감을 지닌 사람들은 더욱 도전적인 활동을 회피하려고 하는 경향이 높다고 지적한다. 그들은 목적을 너무 높거나 너무 낮게 설정한다. 결과적으로 그들은 반드시 실패하게 된다. 이러한 학생들은 종종 백만장자, 프로 풋볼 선수나 야구 선수, 록 스타, 컴퓨터 천재, 올림픽 체조 선수 또는 기업의 사장이 되기를 원한다. 그리고 그들은 이러한 높은 수준의 목적에 도달하기 위해 얼마나 많은 노력을 기울여야 하는지에 대해 막연한 생각을 가지고 있다. 그들은 일(work)이 실제로 무엇을 의미하는지를 미처 깨닫지 못하고 노력에 대한 진정한 의미를 터득하지 못하기 때문에 확고한 자신감을 키우지 못한다.

자신감의 발달은 실제적인 성취로부터 나온다. 미성취자들은 자신감을 형성할 수 있는 기회를 스스로 거부하는데, 이는 그들이 노력과 성과 간의 연관성을 소홀히 하기 때문이다. Siegle (2004)은 "다년간의 실패가 학생들의 자신감을 저하시킬 수 있으며 … 따라서 그들은 또 다른 실패를 무릅쓰기를 거부한다…."(p. 31)라고 덧붙여 말한다. [그림 1]에 제시된 Rimm의 법칙은 이 책에서 논의된 미성취 아동과 관련한 많은 문제들과 자신감 증진에 대해 설명하고 있다.

[그림 1] Rimm의 법칙

1. 학교에서 쏟는 노력과 기대에 대해 부모도 명확하고 긍정적인 메시지를 전달한다면 아이는 성취자가 될 가능성이 높다.
2. 아이가 모방할 효과적인 모델을 가지고 있을 때, 적절한 행동을 더 쉽게 배울 수 있다.
3. 아이가 듣게 되는 성인들 간의 대화, 즉 그 아이에 대한 의사소통은 아이들의 행동과 자기지각에 큰 영향을 준다.
4. 아이의 성공과 실패에 대한 부모의 과잉 반응으로 인해, 아이는 성공에 대한 강렬한 압박을 느끼거나 또는 실패 시에 절망과 낙담을 느낀다.
5. 아이는 실제로 공부를 할 때보다 공부에 대해서 걱정하고 있을 때 더 긴장한다.
6. 아이는 전력을 다해 자신감을 계발한다.
7. 결핍과 과잉은 종종 같은 증상으로 나타난다.
8. 아이들이 성숙과 책임감을 보임에 따라 점진적으로 이들에게 권한을 부여하면, 이들은 자신감과 내적 통제감을 계발하게 된다.
9. 한 명의 부모나 교사와 맞서기 위해 다른 한 명의 성인과 아이들이 결탁하면, 아이는 반항적이 되어 한 명의 성인보다 더 힘이 강해진다.
10. 성인이 결과를 확실하게 통제하지 못한다면 아이들과의 대립을 피해야 한다.
11. 아이가 경쟁 시에 어떻게 해야 하는지를 터득한 경우에만 성취자가 될 것이다.
12. 평상시에 학습 과정과 학습 결과 간의 관계를 이해하게 된다면 아이는 계속해서 성취할 것이다.

출처: *Why Bright Kids Get Poor Grades—And What You Can Do About It*, by S. B. Rimm, 1995, p. xviii. Copyright © 1995 by S. B. Rimm. 허락하에 재인쇄함.

경 쟁

우리는 경쟁적인 사회에서 살고 있다. 심지어 가정과 학교 내에서도 서로 경쟁적이다. 미성취자들은 종종 아주 높은 경쟁 의식을 느끼지만, 그것이 분명하게 드러나지 않을 수도 있다. 그들은 우승자가 되고자 열망하지만 초라한 패배자이다. 만약 우승할 수 있다고 믿지 않는다면 그들은 시작하기도 전에 그만두거나 확실하게 이길 수 있는 학교 경험만을 선택할지도 모른다. 그들은 패배에 대처하는 법을 배우지 못한, 경쟁적이고 내적으로 압박을 받은 아이들이며, 적응 유연성(resilience)이 부족하다. Rimm은 그녀의 법칙 11에서, "아이들이 경쟁 시에 어떻게 해야 하는지를 터득한 경우에만 성취자가 될 것이다."라고 주장한다.

경쟁에 대처하는 방법을 터득하지 않는 한 우리가 살고 있는 사회 또는 학교에서 생산성을 발휘하는 것은 불가능하다. 경쟁에 대처하기 위해서는 이기는 것과 지는 것이 항상 일시적인 현상임을 이해해야 한다. 절망감 없이 패배하는 것을 터득하고 실패 경험을 성장하기 위한 발판으로 사용하도록 배운 아이들은 교실과 사회에서 성취를 보일 것이다.

효과적으로 경쟁하는 법을 배우는 것은 학교에서 성취를 이루는 데에 중요하다. 미성취자들은 종종 실패에 대한 두려움으로 인해 그들의 가족과 학교 환경을 교묘하게 조작한다. 그들은 이길 수 없을 때 경쟁을 회피하는 것을 배우며, 이러한 과정 속에서 중요한 기술을 학습할 기회를 놓치게 된다. 그들의 미성취가 주기적으로 나타날 때, 그들은 더욱더 자신의 역량이 부족하다고 느끼기 시작하여 실패에 대한 두려움이 증가하고 효능감이 감소한다. 미성취와 관련한 연구문헌에서는 경쟁 상황에 대한 연구가 거의 이루어지지 않은 것으로 보인다. 그러나 미성취 판별에 대한 본 저자의 연구에서 성취 판별 측정(Achievement Identification Measure, AIM)과 관련한 문항들을 요인 분석하여, 경쟁과 관련한 연구 결과를 밝혀낸 바 있다(Rimm, 1986).

과제에 가치 부여하기

Siegle과 McCoach의 미성취 모델(Siegle et al., 2002)은 학교 과제에 가치를 두는 것이 미성취를 야기하는 근본적인 원인이 된다는 입장을 취하고 있다. 이들은 학교 과제에 가치를 부여하는 것에 역점을 둠으로써 성취 동기가 증진되며, 이는 미성취를 전환시키기 위한 강력한 수단이 된다는 것을 밝혀낸 바 있다. 또한 자기효능감이 부족하거나 경쟁적 상황에 적응하지 못하는 아이들은 종종 방어기제로서 학교 과제가 쓸모없다고 주장할 것이라는 여러 임상 결과를 제시하기도 하였다(Rimm, 1995). 과제 관련성을 지적해 줌으로써 일시적으로 동기가 증진되는 미성취 학생들이 있기도 하지만, 영문법을 배우거나 셰익스피어의 작품을 읽는 것이 서로 관련이 있음을 믿으려 하지 않는 미성취 학생들도 있다. 이는 미성취 학생들이 과제에 대한 관심이 없거나, 과제를 어렵게 또는 위협적으로 느끼기 때문이다. 따라서 과제 관련성을 지적해 주는 것이 적절하며, 특히 방어기제로 '비관련성(irrelevance)'을 사용하지 않는 아이들에게 가장 효과가 있다.

미성취 영재아에게 내면화된 압박감

영재아들이 가진 압박감에 대해 너무 빈번히 그리고 쉽게 부모들을 비난해 왔다. 그러나 평소에 이들이 가진 압박감은 외현적으로 나타나는 것보다 더 복잡하다. 미성취 영재아들이 빈번하게 경험하는 네 가지 공통된 압박감은 다음과 같다.

가장 똑똑해야 한다는 압박감

항상 가장 똑똑해야 한다는 강렬한 감정은 여러 면에서 나타난다. 이는 자신의 탁월함으로 학급 토의를 독점할 의도를 가지고 열정적으로 손을 흔드는 아이들 또는 자신이 똑똑하다고 느끼기 위해 다른 아이들을 우둔하거나 멍청하다고 비하하는 아이들에게서 두드러지게 나타난다. '똑똑함'은 그들에게 '빠르고 쉽게'를 의미하기 때문에, 과제를 성급하게 마치려는 아이들과 이상적인 글쓰기 주제를 결정하지 못해서 주어진 에세이를 시작하지 못하는 아이들에게서 나타난다. 이러한 압박감은 질문에 대한 답을 찾지 못하여 다른 이슈로 토의 주제를 변경하는 아이들에게서 나타난다. 가장 똑똑해야 한다는 압박감을 느끼는 학생들은 교사와 부모에게 끊임없이 자신의 주장을 펼치고, 다른 사람의 견해에 절대 개의치 않는 것으로 보이는데, 이는 다른 사람의 아이디어 또는 느낌을 고려하기보다는 자신이 똑똑하고 옳음을 증명하는 것을 더욱 중요하게 여기기 때문이다. 이러한 아이들의 정체성은 그들이 지닌 지적 영재성에 얽매여 있기 때문에, 그들이 알고 있는 지식이 잘못됐거나 실제와 거리가 멀 경우에 자기 자신에 대한 부적절성이 드러날까 봐 두려워한다.

독특한 학습양식 또는 교실에서의 전통적인 교수방법과 부합하지 않는 학습양식을 가진 아이들은 이러한 압박감에 민감하게 반응한다. 그리고 비록 그들이 자신의 영재성을 인식한다 해도 자신이 원하는 만큼 생산적이지 못할 때, 학교 과제를 회피할 가능성이 있다. 검사 점수가 의미하는 것만큼 똑똑하지 않을까 봐 두려워하는 영재학생들 또한 수기(handwriting), 수학 또는 읽기와 관련된 학습장애를 위협적으로 느낀다(Baum, 2004).

독특해야 한다는 압박감

어떤 아이들은 자기 자신이 또래나 심지어 가족 구성원들과 다르다는 것에 대해 압박감을 느낀다. 독자들은 독특하거나 색다른 방법으로 과제 활동이나 프로젝트를 완성하고자 하는 바람을 경험한 적이 있을 것이다. 어떤 아이들의 경우, 이러한 느낌은 매우 창의적인 것을 수행해야 한다는 압박감이나 독특해야 한다는 압박감으로 변한다. 만약 여러분이 남과 다르다는 점 때문에 겪는 압박감을 천 배로 늘린다면, 아침에 옷을 차려입을 때, 이야기나 작문을 쓸 때, 학급 토의에서 발언을 할 때, 또는 학교에서 독립적인 프로젝트를 수행해야 할 때 일부 아이들이 느끼는 감정을 느끼게 될 것이다. 창의적인 감각으로 인해 극심한 압박감을 나타내는 아이들의 진술문은 다음과 같다.

- "내가 만약 6개 사과에 8개 사과를 더한 값을 매번 다르게 할 수만 있다면 수학을 좋아하게 될 것이다. 나는 항상 똑같은 답을 적는 것이 싫다."
- "나는 도저히 숙제를 제시간에 제출할 수 없을 것 같다. 나는 내가 원하는 만큼 숙제를 독특하게 해내기까지 항상 시간이 오래 걸린다."
- "당신은 나처럼 독특한 누군가를 만나 본 적이 있는가? 당신은 내 방을 들여다봐야 해!"

이런 아이들에게 창의적이라는 것은 가장 독특함을 의미한다.

인기가 있어야 한다는 압박감

초등학교 아이들의 부모와 교사들은 종종 훌륭한 사회적 적응(social adjustment)을 강조한다. 영재아들은 흔히 초등학교에서 잘 적응하며 압박감을 느끼는 것처럼 보이지 않는다. 그들은 사회적 수용(social acceptance)으로 인한 안락함을 즐기는 것을 터득하지만, 이들 중에는 또래의 기분이 상하지 않도록, 심지어 자신이 알고 있는 폭넓은 어휘 사용을 최소화하여 지능을 실제보다 낮게 보이려고 하는 아이들도 있다.

초등학교 시기의 이러한 '훌륭한 적응'은 청소년기 이전에 또 다른 유형의 압박감을 가져다주기도 한다. 이 시기에는 사회적 적응이 곧 인기를 뜻하며, 이는 아이들로 하여금 부모와 교사들이 초기에 사회적 적응으로 설명한 것과는 상당히 다른 가치 체계를 갖게 한다(Rimm, 2005). 또래 환경에 따라 인기가 함축하고 있는 메시지는 긍정적 활동을 수반하거나 혹은 알코올, 마약, 난잡한 성행위(sexual promiscuity)를 의미할 수도 있다. 인기는 또한 A학점을 받지 않는 것과 학교에서 너무 열심히 공부하지 않는 것을 의미할 수도 있다.

충실해야 한다는 압박감

자신의 민족에 대한 헌신(racial allegiance)의 문제는 소수 민족의 미성취 영재들에게 상당한 압박감을 줄 수 있다(Ford, Grantham, & Milner, 2004). 어떤 영재아들은 학문적 성취에 가치를 두지 않는 가정과 이웃에서 나타난다. 그들의 부모들은 학교에 대한 좋지 않은 경험을 한 적이 있어 여전히 교육 체계에 대한 분노를 품고 있을지도 모른다. 그들의 가족과 친구들은 교사를 불신할지도 모르며, 의무적으로 학교에 아이들을 보내야 할 때에만 학교에 보낼지도 모른다. 이러한 환경에서 학문적으로 성공한 영재아들은 집에서 '잘난 척'한다고, 또는 몇몇 소수 민족의 경우에 '백인처럼 행동'한다고 놀림을 받을지도 모른다. 그들은 부모와 또래들로부터 자신의 성취를 숨겨야 하는 압박감을 갖거나, 숙제를 하거나 책을 너무 많이 읽는다고 질책을 받을 수도 있다. 그들은 학습하고 성취하라는 학교의 메시지와, 학습은 지루한 것이고 시간 낭비라고 여기는 문화적 · 환경적 메시지 사이에서 괴리감을 느낄지도 모른다.

압박감은 어디에서 오는가?

아이들의 압박감은 자신의 탁월한 수행으로 인해 나타나기도 하지만 부모, 교사 혹은 또래들이 그들의 지능, 창의성 혹은 적응에 매료되어 표출하는 칭찬이나 기쁨으로 인해 나타나기도 한다. 성인들이 아이의 수행을 다른 사람의 수행과 비교하거나 혹은 아이 스스로 다른 아이들과 자기 자신을 비교하든 간에, 자기 자신을 친구들 사이에서 가장 똑똑하다거나 창의적이라거나 혹은 인기가 많다고 생각함으로써, 학생들은 자기가 가장 최고라고 하는 유쾌한 기분을 계속해서 지닐 수 있기를 원한다. 어린 영재아들의 경우, 그들이 지니고 있는 폭넓은 어휘력, 명석함과 독창적인 아이디어, 또는 쾌활한 기질과 아름다움으로 인해 사람들의 시선을 끄는 것은 상대적으로 쉬워 보인다. 탁월함에 대해 타인들로부터 받는 시선집중을 공유하는 법을 터득하는 것은 영재아들이 성숙해질수록 더욱 어려워지는데, 이는 사람들로부터 유사한 시선집중을 받는 다른 역량 있는 아이들과 자기 자신을 비교하기 때문이다.

게다가, 학생들이 중학교 시기에 들어서면서 학문적 탁월성, 창의적 산출물, 인기, 문화적 기대는 종종 서로 모순되는 압박감을 불러일으키는 원인이 되기도 한다(Rimm, 2005). 이 시기에 학생들은 친구들로부터 인기를 얻거나, 기이한 의상을 통해 창의성을 표출하거나, 약물을 경험하는 것과 같은 다른 흥미 분야를 위해 학문적 탁월함을 쉽게 포기할 수 있다.

동기와 압박감

영재아들이 압박감을 경험하지 않도록 사전에 예방하는 것은 쉽지 않은데, 이는 동기와 압박감이 매우 밀접하게 관련되어 있기 때문이다. 스트레스는 아이들이 자기 자신에 대해 높은 기대를 지니고 있을 때 발생하는데, 이는 그들이 이러한 높은 기대에 부응하기 위해 겪게 되는 과정을 헤쳐 나가는 법을 배우지 못했기 때문이다. 탁월해지고자 하는 높은 기대를 하기까지는 동기가 필수적으로 요구되며, 아이들은 이러한 기대를 충족시키기 위해서 부지런히 일하고 노력해야 한다는 것을 터득해 왔다.

비록 정말 실현 불가능한 높은 성취를 꿈꾼다 해도, 압박감보다는 동기가 유발된 학생들은 자신의 꿈을 실현하기 위한 기준을 설정한다. 예를 들면, 훌륭한 과학자가 되고자 동기화된 아이들은 좋은 대학에 들어갈 수 있도록 과학 시험에서 A학점을 받기 위해 기꺼이 공부한다. 반면에 압박감을 느낄 때, 영재아들은 공부 대신에 컴퓨터 게임을 하고 꾸물대면서 과학적 약진을 꿈꾸며, 수업 시간에 배운 내용만으로도 시험에서 A학점을 받을 만큼 충분히 똑똑하기를 희망한다. 그들이 B학점을 받았다 해도 그들은 공부하지 않고 B학점을 받은 것에 대해 자랑할 것이며, 열심히 공부하여 A학점을 받은 다른 학생들보다 자신이 더 똑똑하다고 느낄 것이다.

미성취를 유발하는 압박감 예방과 전환

아이들이 압박감을 느끼기보다는 동기를 지속시킬 수 있도록 하는 것은 부모와 교육자들이 당면한 과제이다. 가장 뛰어나다는 말보다는 뛰어나다 또는 명석하다는 말을 사용한 칭찬은 아이들이 느낄 수 있는 약간의 압박감을 예방할 수 있으며, 성취의 과정이나 노력에 대한 칭찬은 일반적으로 아이들이 동기를 유발할 수 있도록 격려해 준다(Dweck, 2000). 도전을 향한 아이들의 열정과 끈기를 인식하여 그들을 근면한 사람이사 훌륭한 사고자로 칭하고, 아이들에게 똑똑할수록 더욱 열심히 공부할 것이며, 역으로 열심히 공부하면 더욱 똑똑해질 것이라고 말해 줌으로써, 아이들이 자신의 성취에 대해 어느 정도 통제감을 지니게 될 수 있다. 아이들에게 단지 위험을 무릅쓰고 도전하기만 한다면 자신감이 향상될 것이라고 설명해 줌으로써 실제적으로 용기를 북돋아 줄 수 있을 것이다.

미성취자들에게 그들이 명석하다거나 창의적임을 재확인시켜 주기보다는 그들의 근면성을 칭찬하는 것이 더 낫다(Dweck, 2000). 이러한 방법은 그들을 흥미롭게 해 주지는 못하지만, 최소한 그들이 받게 될 압박감을 경감시킬 수 있을 것이다. 게다가 영원한 1등은 없다는 것을 그들은 일찍 알게 될 것이다. 그들이 얼마나 똑똑한지 또는 창의적인지와 관계없이 보다 창의적이거나 똑똑한 사람들은 항상 존재한다. 따라서 그들이 최고로 잘해서라기보다는 최선을 다함으로써 좋은 감정을 가지도록 배우는 것이 동기를 유발시킬 수 있는 가장 좋은 방법이다.

미성취 영재아의 손상받기 쉬운 자아 개념 보호하기

미성취자들의 회피 패턴은 전형적인 심리적 방어기제이다. 미성취자들은 부모와 교사들이 초기에 설정해 놓은 기대에 미치는 수행을 할 수 있다는 확신이 없을 때, 손상되기 쉬운 자신의 자아 개념을 보호하기 위해 방어기제를 영속시킬 것이다. 미성취자들은 일반적으로 영재성(giftedness)을 빠르고 쉽게 학습할 수 있는 능력과 동일하게 본다. 따라서 도전적인 과제(work)는 그들에게 위협적인 것으로 보일 수 있다. 그들은 자신이 기대했던 것만큼 영재가 아니라는 사실이 드러날까 봐 걱정한다. 그들이 보이는 과제 회피와 변명은 그들을 일시적으로 보호하지만, 이는 미성취 영재학생들의 자기 훈육, 교육적 기술, 흥미 그리고 가장 중요한 효능감 또는 진정한 지적 자신감을 계발할 기회를 빼앗아간다. 미성취자들은 일반적으로 그들의 손상된 자아 개념을 두 가지 방향－의존(dependence)이나 지배(dominance)－으로 방어하거나 또는 이 모두를 조합하여 방어한다. 이러한 의존 및 지배 방어기제를 결국에는 아이들이 자연적으로 느끼기 시작하며, 여전히 부모와 교사들은 아이들이 꾸준한 성취를 하도록 격려하지 못하기 때문에 아이들이 사용하는 방어기제로 인해 좌절감을 느끼게 될 것이다.

의존과 지배

의존 패턴은 종종 불안감, 미성숙, 소극성 또는 학습장애에 의해 가려진다. 의존적인 미성취자들은 필요 이상으로 더 많은 도움을 요청한다. 그들은 과제를 솔선하여 수행하지 않는 경향이 있으며, 과제를 하는 동안 부모가 곁에서 봐 주어야 한다고 주장할 것이다. 그들은 불평하고, 투덜거리며, 지속적으로 부정적이거나 또는 필요 이상으로 자주 도움을 요청한다. 지배적인 미성취자들은 왜 공부를 하지 않아도 되는지에 관해 더 큰 소리로 주장한다—그들은 자신의 문제에 대해 교사나 부모를 비난하는 경향이 있다. 그들은 자신이 즐기는 학교 과제만을 고르기를 좋아하고, 단순한 과제는 영재성에 부적당하다고 종종 주장한다. 그들은 상대편과 맞서는 의견을 만들어 내는 데 창의적이며, 다른 사람들의 권리를 존중하지 않은 채 권력을 휘두르기를 고집한다.

Delisle과 Galbraith(2002)는 다소 이와 유사한 패턴을 지니고 있긴 하지만, 의존적 미성취자(dependent underachiever)를 미성취자로, 지배적 미성취자(dominant underachiever)를 선택적 소비자(selective consumer)로 명명하였다. 예를 들면, 도전에 직면했을 때 미성취자는 위축되는 경향이 있으며, 선택적 소비자는 더 강한 반감을 가지는 경향이 있다(Delisle, 2004). Reis와 McCoach(2002)는 의존/지배 패턴과 유사한 것으로 내면화(internalizing)와 외면화(externalizing) 미성취를 언급하였다.

어린아이들과 심지어 몇몇 청소년들은 그들 자신에게 왜 성취 동기가 결여되어 있는지를 이해하지 못할 가능성이 있다. 그들이 성취할 수 있도록 지도하기 위해서는 부모와 교사들의 리더십과 통찰력이 요구된다. 성인들은 종종 직관적으로 자녀를 양육하고 가르친다. 직관 또는 풍부한 일반 상식은 학업 관련 학습과 학업 성취에 몰두하는 아이들에게 잘 적용된다. 의존적이고 지배적인 회피 패턴을 보이는 아이들의 경우, 직관적인 반응을 통해 이미 미성취가 강화된 바 있으며, 이는 비효과적인 것으로 판명되었다. 따라서 부모의 자녀 양육과 가르침에 있어 종종 비직관적인 반응이 직관적인 반응에 비해 보다 효과적이다. 예를 들면, 의존적인 미성취자들은 필요 이상으로 더 많은 도움을 요청한다. 이러한 아이들의 자신감을 증진시키기 위해 끈기를 가지고 독립적으로 과제를 계속해서 수행할 수 있도록 이들에게 격려가 필요할 때, 부모와 교육자들은 직관적으로 아이들의 도움 요청에 확실하게 응한다. 반면에 지배적인 아이들은 끝까지 밀어붙이는 성향이 있으며, 끝마치지 못한 과제에 대해 다른 사람을 비난하고 변명을 한다. 이는 한계에 도달한 것이라 할 수 있다. 다시 말하면, 성인과 학생 간의 다툼이 가속화되는 과정에서 어른들은 화를 내고, 아이들에게 벌을 줄 것이라는 위협을 가하거나 과도하게 벌을 주는 경향이 있다.

비직관적으로 아이의 이야기를 끝까지 들어줌으로써 그 아이와 동맹관계를 형성하게 되며, 성인이 자신을 지지해 준다는 느낌을 아이가 지닐 수 있도록 도와준다. 따라서 성인과 아이 간의 타협이 가능해지며, 상호 합의하에 확고하게 결론이 내려질 수 있다. 아이들이 보다 만족스럽고 생산적인 삶을 살기 위해 미성취는 전환될 수 있으며, 의존 혹은 극단적인 지배는 수정될 수 있다. 아이들은 일단 생산성을 발휘하면 과거의 회피 패턴보다 현재 성취를 이루는 생활방식을 더욱 좋아하게 된다. 게다가 이들이 발휘하는 생산성 및 자신감과 더불어 부모, 교사, 형제자매, 또래들과의 관계가 향상된다.

학급 교육과정의 중요성

학급 환경 또한 미성취 학생들의 행동에 영향을 준다(Rimm, 1995). 앞에서 언급된 바와 같이, 미성취와 관련한 수많은 연구에서 나타난 기본적인 특성은 개인적 통제소재(locus of control)의 결핍이다. 즉, 미성취자들은 노력과 결과 간의 관계를 내면화하지 못한다. 미성취자들은 "내가 열심히 공부해서 그 성적을 받았어." 혹은 "내가 생각했던 것보다 시험이 어려웠어. 다음번에는 시험 준비를 더욱 철저히 할 거야."라고 말하기보다는 "선생님이 내게 성적을 그렇게 주셨어." "나는 운이 좋았어." 혹은 "나는 멍청한 게 틀림없어."라고 말할 것이다.

다음 [그림 2]는 학급에서의 노력과 결과 간의 잠재적인 관계를 설명한다. 이 그림은 적절한 관계가 아이들의 성취 동기를 어떻게 지지해 주는지를 보여 준다. 1사분면은 성취 지향(achievement orientation)을 촉진하는 적절한 관계를 보여 준다. 2, 3, 4사분면은 불균형적인 관계를 보여 주는 것으로, 노력과 결과 간의 관계를 훼손하여 미성취를 촉진하는 방어적 · 회피적 패턴을 보여 준다.

[그림 2] 노력과 성과 간의 관계

	결과 +	결과 −
노력 +	1사분면 + + 성취자	2사분면 + − 미성취자
노력 −	3사분면 − + 미성취자	4사분면 − − 미성취자

출처: *Guidebook—Underachievement Syndrome: Causes and Cures*, by S.B. Rimm, M. Cornale, R. Manos, and J. Behrend, 1989, p. 289. Copyright © 1989 by Apple Publishing. 저자의 허락하에 재인쇄함.

1사분면에 있는 아이들은 똑똑하고 창의적이며, 부모와 교사들로부터 인정을 받는다고 느낀다. 그들은 대개 좋은 점수를 획득하고 성인과 친구들로부터 인정을 받기 위해 동기가 유발되어 있다. 그들은 또한 자기 자신의 성취에 대해 내적 · 외적인 만족감을 느끼고자 한다.

그들은 실현 가능한 높은 목적을 설정하며, 열심히 공부하고 끊임없는 노력의 중요성을 이해한다. 그들은 때때로 성적이 떨어졌을 때, 면학(hard work)을 성공에 강력하게 결부시켜 나간다. 재차 기울인 그들의 노력은 다시 성공을 불러일으킨다. Rimm의 법칙 12에서 제시된 바와 같이, "평상시에 학습 과정과 학습 결과 간의 관계를 이해하게 된다면 아이들은 계속해서 성취할 것이다."

2사분면은 노력을 적절히 기울였지만 목적이 너무 높게 설정되었을 때 미성취로 전환됨을 나타낸다. '너무 높은' 목적 또는 결과는 아이의 지능과 뛰어난 학습기술에도 불구하고 좋은 성적을 획득하기 어려운 매우 경쟁적인 학교 환경에서 생길 수 있다. 부모가 아이의 능력 수준보다 더 높은 기대를 한다면, 물론 몇몇 부모들은 그렇게 하고 있으며 이는 마치 목적을 너무 높게 설정하여 결과적으로 미성취를 야기하는 것과 같은 효과를 보인다. 학습장애 또는 특이한 학습양식을 지니고 있는 아이들은 2사분면을 경험할 수 있는데, 이는 열심히 공부해도 그들 자신이 설정해 놓은 목적을 달성하는 것이 불가능하게 보이기 때문이다. Schultz(2000)는 이중적 특성을 지닌 아이들(영재성과 학습장애를 함께 지니고 있는 아이들)은 그들의 영재성, 장애 혹은 이 모두를 숨길지도 모른다고 지적한다. 그들은 '수많은 교정을 받을' 수 있을 것이다(Baum, 2004, p. 13). 아이들이 매우 똑똑하다 해도 2사분면의 비현실적인 목적들은 아이들로 하여금 '멍청하게' 느끼게 만들 수 있다.

3사분면은 영재아의 가장 전형적인 딜레마의 예를 보여 준다. 그들은 학교에 대해 긍정적인 감정을 지니고 시작하지만 학교에서 충분히 도전을 받지 못한다. 그들은 성취하는 것이 쉽다는 것과, 노력을 기울이지 않아도 학습과 공부가 저절로 된다는 것을 배운다. 그들의 점수가 상위권에 머무는 동안에는 문제행동을 보이지 않는다. 교육과정이 더욱 도전적일 때, 어떤 학생들은 더욱 적절한 공부 습관을 익힌다. 또 다른 학생들은 더욱 도전적인 교육과정으로 인해 위협을 느끼지만 이를 드러내지 않는다. 그들은 의례적으로 추가적인 노력을 기울이지 않으려고 궁리한다. 많은 미성취 영재학생들은 "만약 당신이 똑똑하다면 학교 공부는 쉬워야 한다."고 말해 왔다.

학생들이 도전할 만한 영재 프로그램은 3사분면의 미성취를 예방하는 데 도움이 될 수 있다. 영재학생들에게 자극을 주고 그들이 도전을 즐길 수 있도록 허용하는 속진 및 심화 교육과정은 그들이 열심히 공부할 때 그들의 영재성이 증진됨을 인식하도록 도울 수 있다. 동질적인 집단 구성, 창의적 사고 프로그램, 과목별 · 학년별 속진은 영재아들이 도전적인 과제에 익숙해질 수 있는 기회를 제공한다. 게다가, 만약 교육과정이 내재적인 흥미를 유발시키고 그들의 생활과 관련이 있는 것으로 느껴지면, 아이들은 노력을 기울이기 위해 더욱 동기화될 것이며 덜 위협적으로 느낄 것이다. 교사들이 영재아들의 효능감을 증진시키는 교실 환경을 제공하는 데 도움을 줄 수 있는 개별화된 교육과정과 관련한 몇몇 훌륭한 책들이 있다(Karnes & Bean 2005; Smutny & von Fremd, 2004; Tomlinson, 2004; Tomlinson et al., 2002; VanTassel-Baska & Little, 2003; Winebrenner, 2001).

4사분면은 미성취가 상당히 진행된 단계를 나타낸다. 4사분면은 2사분면이나 3사분면에서 기술된 아이들이 일정 기간 동안 미성취자들의 증세를 보인 이후에 나타난다. 4사분면의 미성취는 아이들이 합리적인 목적 설정을 포기함으로써 그들의 노력과 기술이 오랫동안 결핍될 때 나타난다. 교사와 부모는 종종 이러한 아이의 능력을 의심한다. 부모는 과거에 자녀가 똑똑했음을 상기할지도 모르지만, 현재 자녀가 간신히 시험에 통과하는 것만으로도 안심할지 모른다.

4사분면의 미성취는 전환시키기(reverse)가 어려울 수 있고, 때때로 치료적인 도움을 필요로 할 수도 있다. 부모와 교사들은 2사분면과 3사분면에서 나타나는 문제들을 교정함으로써 4사분면의 문제를 예방할 수 있다. 학습장애 판별, 학습양식 차이 그리고 도전하기에 적절한 교육과정의 제공은 미성취를 예방하고 전환시키는 데 있어 밟아야 할 중요한 단계들이다. 아이들의 능력과 교육과정 간의 불일치는 종종 미성취의 근원이 되는데, 이는 아이들을 동기화시키기 위해서 교정되어야 한다(Reis, 1998; Reis et al., 1995; Whitmore, 1986).

가정 문제

학교 성취에 대한 가족 가치관(family values)은 아이들에게 중요하다. 만약 부모가 성취에 가치를 둔다면 아이는 학교에서 성취할 가능성이 더욱 커진다(Baker, Bridger, & Evans, 1998; Brown, Mounts, Lamborn, & Steinberg, 1993; Rimm & Lowe, 1998). 만약 부모 모두 또는 부모 중 한 명이 학교에 대해 부정적인 경험을 가지고 있다면, 그들이 지니고 있는 느낌이 자녀에게 전달되어 무의식적으로 자녀에게 부정적인 감정을 갖도록 부추길 수 있다. 만약 부모가 학교를 지루한 곳으로 회상하고 이러한 경험을 자녀에게 상기시켜 준다면, 자녀는 학교 공부에 관심을 갖거나 참여하기를 정말로 기피할 수도 있다. 어떤 부모들은 자녀의 미성취마저도 수용하는데, 이는 그들 자신이 미성취를 경험한 바 있기 때문이다. 그들은 자녀의 이러한 문제가 유전된 것으로 당연히 생각하고, 그 문제를 해결하기 위한 조치를 취하는 것에 대해 무기력감을 느낀다. 또한 교육에 대해 무관심한 부모들은 미성취를 조장할 수 있다(Jeon & Feldhusen, 1993).

가정에서의 정신적 충격

가족들이 성취에 대해 바람직한 태도를 지니고 있다 해도, 일시적인 정신적 충격은 학생들로 하여금 성취에 집중할 수 없게 한다(Battle, 2002). 가족의 죽음, 이혼 또는 신체적 · 정서적 질병은 학생의 주의 집중을 앗아갈 수 있으며, 학교에서의 성공을 자신과 무관한 것처럼 보이게 하는 원인이 될 수 있다.

부모의 양육 방식

Taylor(1994)는 높은 성취를 보이는 학생들의 부모들은 권위 있는(authoritative) 양육 방식을 선호하는 경향이 있음을 발견하였으며, 지나치게 통제적이거나 지나치게 관대한 가정에서 미성취가 조장된다는 것이 다양한 연구를 통해 나타났다(Clark, 2002; Pendarvis, Howley, & Howley, 1990; Weiner, 1992). Rimm과 Lowe(1988)는 자녀의 성취 노력과 성취 목적에 대해 발생하는 부모 간의 갈등 또한 자녀의 미성취에 상당한 영향을 끼친다는 것을 발견하였다. 미성취 영재학생들 가정의 95%에서 부모 중 한 명은 아이를 도전하게 하고 훈육하는 역할을 하였으며, 또 다른 한 명은 자녀를 보호하는 역할을 한 것으로 나타났다. 부모 모두가 함께 일치된 양육 방식을 통해 자녀를 양육하는 것이 특정 양육 방식보다 더 중요한 것으로 보인다.

상당히 일관된 방식으로 양육하는 것은 아이들의 생활을 지도하는 어른들에게 중요해 보인다(Rimm & Lowe, 1988). 어른들이 선호하는 자녀 양육 방식에 있어 부모 간에 약간의 차이가 있을지라도, 아이들은 부모 모두로부터 상당히 유사한 기대와 노력, 허용 한계를 지각한다. 부모와 다른 가족 구성원들 간의 타협과 상호 존중은 성공을 위한 아이들의 동기를 북돋고, 다른 성인들에 대한 존경심을 지니는 데 도움을 줄 수 있을 것이다. 만약 아이들이 서로 상반되는 기대를 지니고 있는 부모와 직면하게 될 때, 부모 중 한 명의 기대를 충족시킬 자신감이 결여되어 있다면, 대개 무조건적으로 지지해 주고 '쉬운 길로 가라'고 무의식적으로 가르치는 다른 한쪽의 부모에게 종종 의존한다. 자녀에게 문제를 야기시키고 있음을 인식하지 못하면서 친절하게 돌보는 부모들은 자녀가 도전에 직면할 때 본의 아니게 자녀를 과잉보호한다. 아이들은 성인이 쉬운 방법으로 가도록 허용하는 환경에서 성장할 때, 그들이 직면하게 되는 수많은 도전을 회피하려는 습관을 발달시키게 된다.

Rimm의 법칙 중 두 가지는 이러한 중요한 문제를 요약하고 있다. 법칙 1은 "학교에서 쏟는 노력과 기대에 대해 부모도 명확하고 긍정적인 메시지를 전달한다면 아이는 성취자가 될 가능성이 높다." 그리고 법칙 9는 "한 명의 부모나 교사와 맞서기 위해 다른 한 명의 성인과 아이가 결탁하면 아이는 반항적이 되어 한 명의 성인보다 더 힘이 강해진다."

오늘날의 사회에서 아이들은 다수의 부모와 돌보는 사람을 가질 수 있다. 때로 아이들은 한 부모만을 갖기도 하며, 네 명의 부모를 갖기도 한다. 때로는 조부모, 아주머니(백모, 숙모, 고모, 이모), 삼촌 또는 보모가 양육을 도와준다. 인구조사국(Census Bureau) 보고서에 따르면, 미국 아이들의 절반만이 전통적인 두 부모 가정에서 생활

한다(Usdansky, 1994). 팀 구성원을 모두 만족시키는 행위는 서너 명의 부모가 관여될 때 그 복잡성이 증가한다. 각 부모는 자녀의 사랑을 유지하기 위해서 최상의 자녀 양육을 제공해야 함에 몹시 불안해한다. 이혼 이후에 부모들은 자녀를 위해 많은 것을 해 주거나 가장 잘 보호해 줌으로써 자녀가 부모를 사랑하도록 부추길 수 있다고 믿을지도 모른다.

두 부모 간에 일어나는 경쟁적이고 파괴적인 네 가지 관습이 있다. 그리고 의붓부모, 조부모, 아주머니(백모, 숙모, 고모, 이모), 삼촌이 관여하는 다양한 관습이 있다. 만약 성인들이 아이를 돕기 위해 노력함에 있어 서로 방해한다면, 이것은 늘 미성취의 결과를 가져오게 된다. 한 가지 좋은 소식은 이러한 방해는 대개 무의식적으로 일어나므로 변화될 수 있다는 것이다. 부모들이 서로 협력하여 서로를 지지할 때, 아이가 진보해 나가는 것이 촉진된다. 게다가 아이가 진보해 나갈 때 부모들 간의 갈등은 종종 감소한다. Reis와 McCoach(2000)는 가족 간의 불화가 미성취를 촉발시키는지 또는 미성취가 가족 간의 불화를 가중시키는지에 대해 종종 결론 내리기가 어려움을 관찰하였다.

부모–교사의 연합전선

교사에 대한 존중은 학생의 동기를 향상시킨다(Rimm, 1995). 부모와 교사 간의 갈등은 영재아들에 대한 교육방법에 있어 몇몇 교사들과 부모들이 다른 철학적 관점을 가지고 있기 때문에 주로 발생한다. 부모는 자신의 철학이 자녀의 교사가 지니고 있는 철학보다 더 좋다고 믿을 수 있고, 아이의 교사는 그 반대로 생각할 수 있다. 아이를 어떻게 가르쳐야 하는지에 관한 교사와 부모의 의견이 일치되지 않을 때, 부모와 교사 간의 연합전선이 무너질 수 있다. 부모와 교사의 철학이 서로 달라서 아이가 쉬운 방법으로 가도록 한다면, 혹은 부모 중 한 명이 교사의 철학을 부적절하다거나 무의미하다거나 또는 지루한 것으로 기술한다면, 교사가 기대한 바를 아이가 성취하지 못하도록 하는 또 다른 변명거리가 생기게 된다. 아이가 과제에 대해 어떤 경우에는 흥미를 갖게 되고, 또 어떤 경우에는 흥미를 가지지 못하는지 곰곰이 생각해 보라. 만약 아이들이 부모로부터 가치가 없는 프로젝트라는 메시지를 받게 된다면, 아이들이 교사의 기대를 충족시키는 것이 중요하다는 것을 왜 고려하겠는가? 이들은 과제가 흥미롭지도 않고 자신의 지적 능력에도 맞지 않는다는 것에 대해 부모가 기본적으로 동의할 것이며, 자신의 말에 부모가 귀 기울일 것임을 안다.

만약 자녀가 학교에서 성취하기를 원한다면, 부모들은 자녀에게 교사는 교육을 통해 사회를 변화시키는 데 공헌하는 사람임을 알려줌으로써 교사를 존경할 수 있도록 명확한 방향을 제시해 주어야 할 것이다. 만약 아이들이 교육자들에 대해 존경심을 보인다면, 아이들은 교사와 학교에 대해 긍정적인 감정을 갖게 될 것이다. 영재아의 부모는 자녀 교육을 위한 옹호자가 될 필요가 있지만, 정중한 어조로 지지할 필요도 있다.

3초점 모형

Rimm(1995)의 3초점 모형(Trifocal Model)은 학교와 클리닉에서 개입(intervention)에 쉽게 응용할 수 있는 틀을 제공한다. 이 모형은 6단계로 구성되어 있으며, 단계 1에서부터 단계 5까지는 모든 미성취자들에게 적용될 수 있다. 단계 6에서 부모와 교사들은 미성취를 보이는 학생 또는 아이들에게 가장 적절한 수정 방안을 선택할 수 있다. 임상 장면에서 이 모형을 사용하여 미성취를 전환하는 데 소요되는 평균 기간은 6개월이다. 미성취를 전환시키는 데 소요되는 시간은 문제의 심각성 정도, 아이의 연령, 그리고 가장 중요한 것으로 부모와 교사들의 일관성과 인내에 따라 다르다. 매우 어린아이들의 경우는 수개월이 걸리지만, 고등학교 학생들의 경우는 대개 최소한 한 학년이 소요된다. 또래의 압박감 그리고 알코올, 약물 및 다른 유혹들의 위험 요소 때문에 미성취자들을 되돌리는 데 종종 어려움이 있다. [그림 3]은 3초점 모형을 보여 준다.

[그림 3] 미성취 전환에 대한 3초점 모형

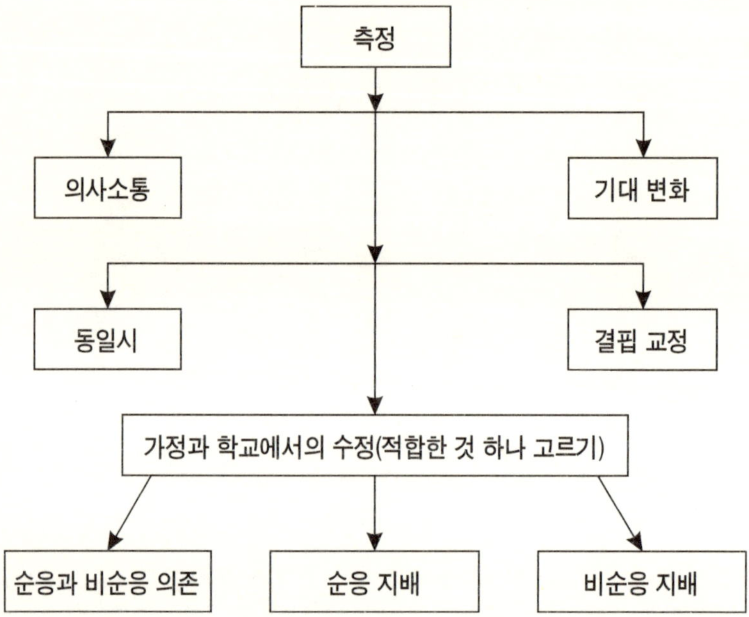

출처: *Why Bright Kids Get Poor Grades—And What You Can Do About It*, by S. B. Rimm, 1995, p. 162. Copyright © 1995 by S. B. Rimm. 허락하에 재인쇄함.

단계 1: 측정

첫 번째 단계의 주된 목적은 아이들의 미성취 경향과 정도를 결정하는 것이다. 이것을 측정하는 방법으로 형식적/비형식적(formal/informal) 측정방법이 있다. 형식적 측정방법은 집단 또는 개별 지능검사와 성취 검사, 창의성 검사, 미성취 관련 검사지를 포함하고 있으며, 이러한 모든 검사는 학교 심리학자나 임상 심리학자에 의해 실시될 수 있다. 비형식적 측정방법으로는 아이들의 부모와 교사들을 대상으로 한 질문과 아동 관찰이 있다.

형식적 측정

IQ 검사가 '지능' 검사로 간주되기는 하지만, 교육자들은 지능 검사가 지능의 일부분만을 측정한다는 것을 알고 있다. 게다가 개인의 타고난 지능과 더불어 문화적 환경과 학습은 IQ 검사 점수에 지대한 영향을 준다.

IQ 검사의 많은 한계점에도 불구하고, IQ 검사들은 여전히 (신중하게 사용될 때) 다양한 교육 환경에서 아이들이 수행을 얼마나 잘 할 것인지를 예측하는 데 도움이 된다. IQ 검사 결과는 또한 아이들의 학습양식의 강점과 약점, 심지어 어떤 경우에는 학습장애를 판별하는 데 도움이 된다. IQ 검사의 모든 하위 요인들에 대한 점수는 영재성의 여부를 보여 줄 수도 있지만, 개별적으로 실시되는 검사들 각각의 하위 검사 점수는 발달상의 지체, 특수장애, 또는 기술 결핍을 보여 줄 수도 있다. 사실상 측정하기 참으로 어려운 몇몇 학습유형이 있는 경우에도 아이가 모든 영역에서 역량이 있는 것으로 간주될 수 있다.

평균 IQ는 사람들의 일생을 통해 변화하지 않고 상당히 안정적인 상태를 유지하는 경향이 있는 것으로 연구에서 나타난 바 있으나, 초등학교와 중등학교 미성취자들을 대상으로 한 임상적 경험에서는 그렇지 않은 것으로 나타났다. 여러 해 동안 학교에서 미성취를 보인 아이들은 종종 IQ 점수에서 큰 하락을 보인다(Rimm, Cornale, Manos, & Behrend, 1989). 새로 실시된 IQ 검사 점수는 이전에 실시된 IQ 검사 점수보다 10~20점 더 낮게 나타날 수 있다. 그러나 미성취를 전환한(reversing) 아이들의 경우, 종종 IQ 점수와 성취 검사 점수 모두 증가한다.

미성취의 정도와 경향 모두를 판별하여 기술하는 데 도움을 주는 다른 형식적 측정은 가정이나 교실에서 실시될 수 있는 부모를 대상으로 한 조사, 교사 관찰 척도, 그리고 아이를 대상으로 한 자기 보고식 조사를 포함한다. 성취 판별 측정(Achievement Identification Measure, AIM)(Rimm, 1986)과 집단 성취 판별 측정(Group Achievement Identification Measure, GAIM)(Rimm, 1987), 성취 판별 측정-교사 관찰(Achievement Identification Measure-Teacher Observation, AIM-TO)(Rimm, 1988)은 특별히 미성취를 측정하기 위하여 개발되었다. AIM의 각 차원별 점수에 대한 설명은 [그림 4]에 제시되어 있다. AIM의 차원들은 미성취 문제를 정량화하고 부모와 교사들 간의 의사소통을 증진하는 데 도움이 된다.

비형식적 측정

아이들의 미성취를 측정하기 위한 비형식적 측정방법은 분명히 존재할 것이다. 교사가 부모에게 그들의 자녀가 능력껏 공부하지 않고 있음을 수년간 말해 왔다면, 부모는 그 문제가 실제로 일어나고 있음을 확실하게 추정할 수 있을 것이다.

앞에서 논의된 미성취자들에 대한 설명은 미성취 패턴을 규명하

[그림 4] 성취 판별 측정(AIM)의 차원

차원	설 명
경쟁	성적이 높은 아이들은 승패에 관계없이 경쟁을 즐기며, 스포츠에 능하고 승리에 대해 겸허하게 대처해 나간다. 또한 쉽게 포기하지 않는다. 성적이 낮은 아이들은 어떤 것을 잘 수행하지 못할 때 의기소침해지거나, 울거나, 불평하거나, 화를 낸다. 그들은 승리했을 때 뽐내는 경향이 있으며, 우두머리가 되지 않으면 아예 놀지 않으려고 하기 때문에 또래 관계에 능숙하지 못하다.
책임	성적이 높은 아이들은 독립적이고 자신의 학업에 책임을 다한다. 그들은 매우 조직적이며, 시작한 과제 활동을 완수하려는 경향이 있다. 성적이 낮은 아이들은 어른들로부터의 도움과 관심에 의존하고, 학교에서 맡은 일을 계획하거나 조직하지 않는다. 또한 타인의 관심을 받기 위해 잘못된 행동을 하기도 한다.
통제	성적이 높은 아이들은 부모나, 교사 또는 또래를 지배하거나 조종하지 않고 학교 또는 가정에서 편안히 지낸다. 성적이 낮은 아이들은 지배적이거나 통제적인 경향이 있는데, 대체로 이들은 취학 전에 부모 모두 또는 부모 중 어느 한 명으로부터 너무 많은 권한을 부여받은 경험이 있다. 또한 자신에게 관심이 집중되길 바라고, 또래, 학급, 가족을 장악하려 하며, 합리적인 훈육을 받을 때조차도 화를 내고 이성을 잃는다.
성취 의사소통	성적이 높은 아이들은 부모로부터 좋은 성적과 학습의 중요성에 대해 명확하고 일관된 메시지를 받고 있다. 이들의 부모는 자녀에게 자신의 학교 경험에 대해 긍정적인 감정을 전달하며, 이에 대해 부모 간에 서로 주고받는 메시지가 일관성이 있다. 성적이 낮은 아이들의 부모는 자녀가 수행한 것과(또는) 말한 것에 있어 나타난 성취에 대해 모순되거나 부정적인 메시지를 전달한다.

[그림 4] (계속)

차원	설 명
존경	성적이 높은 아이들은 부모나 다른 어른들에 대해 존경심을 갖는다. 성적이 낮은 아이들은 부모의 요청과 요구에 대해 반항적이거나 순종적이지 않으며 이를 무시한다. 그들 부모의 훈육 철학은 종종 일관적이지 못하다.

출처: Sylvia. B. Rimm의 *Achievement Identification Measure*, 1986, pp. 2-4.

는 데 도움이 될 것이다. 의존적인 아이들은 일반적인 도움과 격려 그 이상을 요구하는 방식으로 그들 주변에 있는 사람들을 은연중에 조종한다. 그들은 필요 이상의 많은 도움을 얻기 위해 말과 신체 언어(body language)를 표출한다. 의존적인 미성취자들은 학습장애를 지니고 있는 것으로 종종 잘못 인식되고, 학습장애가 있는 영재아들은 미성취자로 쉽게 오인될 수 있다.

지배적인 아이들은 보다 명백하게 공격적인 방식으로 그들의 환경에 있는 성인들과 관계를 맺는다. 그들은 상황을 지배하고 있을 때만 편안함을 느끼기 때문에 그들의 환경을 지배하지 못할 때 통제 불능의 상태에 빠지기도 한다. 그들은 끊임없이 언쟁하고 토의할 것이다. 그들은 성인들을 불합리라는 함정에 몰아넣은 다음, 성인의 행동을 따를 수 없다고 변명한다. 게다가 그들은 불만을 늘어놓을 것이며, 종종 한 성인과 맞서기 위해 다른 성인들을 성공적으로 설득하여 자기편으로 만들 수도 있다.

'불쌍한 나'의 특성들을 주로 보이는 아이들은 의존적인 것으로 분류될 수 있는 반면에, 끊임없이 다른 사람들에게 도전하는 아이들은 대개 지배적으로 분류될 수 있다. 그러나 이러한 범주와 전형(prototypes)이 항상 명확하게 드러나는 것은 아니며, 아이들 누구에게나 이러한 특성들이 뒤섞여 나타날 수 있다는 것에 유의해야 한다. 청소년기에 대부분의 어린아이들은 의존적이고 지배적인 특성 모두를 보인다.

이러한 아이들의 주된 징후를 규명하는 것은 미성취 행동을 강화하는 부모와 교사의 접근법을 수정하기 위한 가장 좋은 방법을 결정하는 데 도움이 될 것이다. 가정과 학교에서 아이들을 관찰할 때, 그들이 성인과 또래들로부터 관심을 얻는 행동은 무엇인지 그리고 이를 어떻게 얻는지에 대해 주시하는 것이 가장 중요하다. 의존적 미성취와 지배적 미성취를 구별하는 데 있어 아이들이 성인의 주의를 끄는 방식에 대한 지식은 도움이 될 것이다. 의존적인 아이들의 평상시 속도는 느리고 신중한 반면에, 지배적인 아이들은 더 빠르고 충동적일 가능성이 높다. 모든 아이들은 독특한 존재이며, 꼬리표는 아이들의 주된 특성에 초점을 둘 때만 사용된다.

[그림 5]에 의존적인 아이들과 지배적인 아이들에 대한 조작 패턴의 요약이 제시되어 있다. 의존적 · 지배적 조작 패턴의 특성들이 실제적으로 나타나는 이들의 욕구인지, 아니면 이들의 조작 패턴이 단순히 사용 빈도에 의해 구분되는 것인지의 여부와, 조작 패턴이 위기와 책임으로부터 아이를 보호해 주는 것인지의 여부를 결정하는 것이 중요하다. 모든 정상적인 아이들이 이러한 행동들을 가끔 보이지만, 미성취자들은 이러한 조작 패턴을 방어기제로 빈번하게 사용

[그림 5] 의존적 · 지배적 아이들의 조작(manipulation) 패턴

의존적	**지배적**
나를 도와줘.	나를 찬미하라, 칭찬하라, 나에게 갈채를 보내라.
나를 괴롭혀.	나를 비판하지 마라.
나를 보호해.	나와 의견을 달리하지 마라.
나를 가엾이 여겨.	나에게 주어라.
나를 사랑해.	내 것이 되어라.
내게 은둔처를 제공해.	나의 차이점을 이해하라.
	내가 어디까지 밀어붙일 수 있을까?

출처: *Why Bright Kids Get Poor Grades—And What You Can Do About It*, by S. B. Rimm, 1995, p. 201. Copyright © 1995 by S. B. Rimm. 허락하에 재인쇄함.

한다. 그렇게 함으로써 특정 과제에 있어 그들이 최고가 아니라는 사실이 드러나는 위험을 감수하지 않아도 된다. 조작 패턴이 대개 의식적, 의도적, 혹은 계획적으로 나타나는 것은 아니다. 그러나 조작 패턴이 습관적이고 역기능적이며, 때로는 미성취 패턴을 강화할 것이다.

단계 2: 의사소통

미성취는 부모, 교사, 학생들이 함께 협력할 때 가장 효과적으로 전환될 수 있다. 비록 교사들이 부모의 협조 없이 학생들을 도울 수 있다 해도 부모와 긴밀하게 협력하는 것이 훨씬 수월하며, 미성취를 전환시키는 과정이 더욱 빠르게 일어날 것이다.

[그림 6] 부모-교사 회의 주제

1. 강점과 능력
2. 약점과 문제점
3. 학업 수행에 대한 학년 수준
4. 또래 관계
5. 의존 또는 지배
6. 숙제와 공부 계획
7. 성적 책임과 관련한 의사소통
8. 제안 사항들에 대한 상호 협약
9. 읽기 자료 그리고/또는 테이프 교환

출처: S. B. Rimm이 노스캐롤라이나 주 Hickory의 Catawba County School을 위해 주재한 *Why Bright Kids Get Poor Grades: The Gifted Underachiever and How You Can Help*, 일일 교사 워크숍, 2004b. Copyright © 2004 by S. B. Rimm. 허락하에 재인쇄함.

[그림 6]에 부모들과 함께 논의할 주제들이 간략하게 제시되어 있다. 교사들은 학생들이 어떤 영역에서 강한지를 가능한 많이 알아보기 위해 이들을 관찰해야 한다. 학생들이 지니고 있는 강점들에 대한 설명은 교사가 자녀에게 관심을 갖고 있다는 확신을 부모에게 심어 줄 것이다. 그러나 부모들이 낙담하지 않고 자녀의 문제점을 교정하는 것을 불가능하게 여기지 않도록 하기 위하여, 첫 번째 모임(conference)에서 아이들이 지닌 약점과 문제점 모두를 설명할 필요는 없다. 교사들은 교육 전문용어의 사용을 피하고 쉬운 말로 학급에서의 학생의 수행에 대해 설명해야 한다. 그들이 공부하는 학년 수준과 영재아들에게 기대되는 것 모두에 대한 설명이 도움이 될 것

이다. 의존적이거나 지배적인 아이의 패턴에 대해 부모와 함께 논의함으로써, 아이가 가정과 학교에서 유사한 패턴을 보이는지, 혹은 실제로 학교에서는 많은 도움을 요청하면서(의존성) 가정에서는 부모와 씨름을 하는지(지배성)가 드러날 수 있다. 가정에서의 공부 시간을 계획하는 것을 통해 부모들은 자녀가 계획을 끝까지 따르도록 하고, 자녀의 숙제를 적절히 감독해 주어야 할 것이다. 여러 가지 이유로 자녀를 돌볼 수 없는 부모들을 위해 방과 후 학교나 학교에서의 공부 계획이 고안되어야 할 것이다.

미성취자들은 그들의 과제에 대해 거의 거짓말을 하기 때문에 교사와 부모 간의 성적 책임(accountability)에 대한 의사소통이 중요하다. 교사들은 이에 대해 부모들에게 친절히 진술하기를 원할지도 모른다. 미성취자들은 진실을 왜곡하고 D학점이나 F학점을 A학점으로 보고하고, 숙제가 하기 싫을 때에는 숙제가 없다고 주장하고 숙제를 기억하지 못한다고 말함으로써 노력을 기울이지 않으며, 숙제를 끝내지 못했거나 제출하지 않은 것에 대해 교사를 탓할 수도 있다.

가정-학교 통신문은 중요하며, 그러한 통신문의 지속적인 사용은 학생 진보에 관련된 부모, 학생, 교사들 간의 의사소통 체계를 확립하는 데 필수적이라는 것이 연구를 통해 밝혀졌다(Nahmias, 1995). 가정-학교 통신문은 학생에게 기대되는 바에 있어 일관성을 도모하며, 교사와 부모들이 공통어(common language)를 개발하도록 도와준다. 이러한 통신문은 학생 행동 혹은 학업을 보고하기 위한 간단한 체크표나 체크 목록으로 되어 있다. 일일 혹은 주간 일지의 사용은 보다 상세한 정보가 필요할 때 도움이 된다(Williams & Cartledge, 1997). 또한 교사와 부모는 공식적 · 비공식적인 회의와 전화 통화를 통해서 정기적으로 의사소통할 기회를 가질 수 있다. 여기서의 핵심은 부모, 교사, 학생이 서로 협력하여 하나의 팀이 되도록 하기 위해 원활한 의사소통을 도모하는 것이다(Bos, Nahmias, & Urban, 1999).

[그림 7]에 교사들이 1주일에 한 번씩 가정에 보내는 샘플 서식을 제시하였다. 이와 유사한 서식이나 기록은 초등학교 아이들을 위해 매일 사용될 수 있다. 교사로부터 날인이 된 숙제 공책이나 전자우편 또한 아이가 노력한 바를 놓치지 않고 부모가 따라잡기에 이상적이다.

기록(note) 또는 서식은 매일 또는 매주 성취 모니터링 회의에서 아이들과 부모들에 의해 공유되고 논의될 수 있다. 만약 부모가 활발히 참여한다면 아이는 메시지를 전달하는 교사들로부터 자신의 학업 진전도에 대한 측정을 한두 번 받게 되며, 다시 부모로부터 이를 받게 된다. 만약 교사들이 부모들의 참여 없이 미성취 전환 과정(reversal process)을 떠맡게 된다면, 담당 교사나 상담가가 학생의 진전도에 관한 의사소통의 정기적인 수령자가 될 수 있다. 학생의 진전도를 검토하는 사람은 곧 아동 옹호자(child advocate)로 지칭될 수 있다.

부모나 옹호자는 아이와 함께 매일 혹은 매주 단위로 성취와 관련한 모임을 계획할 수 있다. 초등학교 아이들의 경우, 이들의 성취와 강화가 제대로 이루어졌는지의 여부에 대해 매일 간략하게 검토하는 것이 적절하다. 아이들의 성취와 행동이 향상됨에 따라 부모와 옹호자 모임은 매주 정기적으로 이루어져야 한다. 중등학생들의 경

[그림 7] 주간 평가 서식

학생 이름______________ 교사 이름______________ 날짜__________

제목:____

대략적인 주간 성적: _______________(선택 사항)

과제 완수:

______모두 ______대부분 ______절반 ______절반 미만

교실에서의 노력:

______탁월 ______만족 ______보통 ______불만족

행동:

______탁월 ______만족 ______보통 ______불만족

교사의 의견 및 누락된 숙제:

____

____

____

____

도와주셔서 감사합니다.

출처: *Why Bright Kids Get Poor Grades—And What You Can Do About It*, by S. B. Rimm, 1995, p. 211. Copyright © 1995 by S. B. Rimm. 허락하에 재인쇄함.

우는 초기에 매주 모임을 가져야 한다. 중등학생이 꽤 꾸준히 노력하는 것으로 보일 때, 모임은 2주에 한 번 혹은 한 달에 한 번 간격으로 변경될 수 있다.

옹호자나 부모는 학생과 함께하는 세션에서 긍정적이고 교수적인 어조를 유지하는 것이 중요하다. 이러한 세션에서 아이들은 자신의 향상된 부분을 검토하고, 격려를 받으며, 또한 그들이 기울인 노력에 대한 긍정적·부정적 결과 모두를 다룰 수 있는 기회를 제공받아야 한다. 이러한 세션은 노력한 바를 측정하여 강화하고, 목적을 설정하며, 결과를 명확히 하기 위한 수단이 된다. 보상이 성취를 촉진하는 데 사용되든 그렇지 않든 간에, 아이들의 효능감 계발에 있어 교사가 작성한 학생의 진전도 기록은 중요한 요소이다. 의사소통은 노력과 성과 간의 연결고리를 만들어 준다.

많은 학교에서는 아이들로 하여금 서식을 교사들에게 회람시키기를 선호한다. 이는 즉, 학생들이 정보를 얻고자 한다면 학생들이 정보 수집을 책임지고 해야 한다고 생각하기 때문이다. 그러나 학생들은 부정적인 피드백을 받기를 원하지 않는다. 따라서 서식의 회람을 학생들에게 맡긴다면 서식은 효과적이지 않을 수 있다. 어떤 학생들은 좋은 소식만 집에 가져오고 나쁜 소식들은 '잊거나', 심지어 고칠지도 모른다. 그러면 의사소통은 실패로 끝나게 된다. 학생과 부모는 교사들을 비난하며, 교사들은 학생과 부모 모두를 비난한다. 학생들에게 떠맡기지 않고 이들의 진보를 추적할 수 있는 아주 확실한 방법을 갖는 것이 중요하다. 공부 계획과 그에 따른 결과 또는 보상에 대해 합의를 이루기 위한 부모, 교사, 그리고 해당 학생 간의 상호협약이 이루어질 수 있다.

단계 3: 기대 변화

부모, 교사, 또래 그리고 형제자매들은 미성취 아이들이 지니고 있는 습관들을 통해 이들의 계속되는 낮은 수준의 수행과 규칙적으로 되풀이되는 싸움 혹은 잔소리를 예상하게 된다. 심지어 아이들이 가진 자기 자신에 대한 기대는 잠재적 학교 수행과 종종 부합하지 않는다. 모든 사람들은 새로운 성취 수준과 부합하도록 그들의 기대를 변화시켜야 할 것이다.

아이들이 자신의 성취를 변화시키기 위해서는 가까운 사람들이 아이의 향상도를 인식하고 새로운 성취 수준이 적절하다는 것에 대해 아이와 충분히 의사소통하는 것이 중요할 것이다. 무기력감은 미성취자로 하여금 진보하지 못하고 제자리에 머물게 한다. 그러므로 성인들은 비약적인 진보가 아닌 점진적인 향상을 기대한다는 것을 아이들에게 알릴 필요가 있을 것이다. 가족 구성원들과 교사들, 또래들이 변화를 수용하지 않는다면, 아이들의 성취에 대한 잠재력은 그들에게 가망이 없는 것으로 보일 것이다.

아주 이상하게도 아이들이 보인 향상에 대해 과도한 칭찬을 하지 않는 것이 더 좋다. Rimm의 법칙 4에서 “아이들의 성공과 실패에 대한 부모의 과잉 반응으로 인해 아이들이 성공에 대한 강렬한 압박을 느끼거나 또는 실패를 경험할 때 절망과 낙담을 느낀다.”고 진술한다. 아이가 처음으로 A학점을 받았을 때 부모가 표출하는 과도한 흥분감은 많은 아이들에게 놀라운 효과를 가져다준다. 그들은 즉각적으로 공부를 중단하는 듯하며, 성적은 급격하게 하락한다. 이러한 경험을 가진 아이들과의 인터뷰는 왜 이러한 일이 발생하는지에 대한 통찰을 제공한다. 한 학생은 어머니의 축하가 "그로 하여금 앞으로 모든 과목에서 어머니가 A학점을 받기를 기대한다는 느낌을 갖게 한다."고 하였다. 또 다른 학생은 자신의 좋은 성적에 대해 부모가 보이는 흥분을 보고 놀라워하며, 자신이 그만큼 역량이 있다는 것이 믿겨지지 않는다고 설명하였다(Rimm, 1995).

자기 기대

변화되어야 할 필요가 있는 첫 번째 특성은 미성취하는 학생의 자기 기대(self-expectations)이다. 미성취자들은 종종 비현실적으로 높은 목적을 지니고 있다. 그들은 자신의 운이 갑자기 바뀌어서 그들이 꿈꾸어 온 A+ 학생이 되기를 희망한다. 미성취자들은 그들의 노력이 향상을 가져오게 한다고 믿지 않는다.

아이들이 학교에서 성공하기 위해 노력하기로 마음먹기만 하면, 아이들은 앞으로 그들에게 어떤 일이 생길 것인지에 대한 '로드맵(roadmap)' 또는 일람표를 제시받을 수 있다. 부모와 교사들은 아이들이 달성 가능한 적절한 수준에서의 성적 목적(grade goals)을 세우고, 이를 위한 시간 계획을 짜도록 도울 수 있다. 학생들이 새로운 시도를 하는 동안, 그들이 생활하는 환경 내에 있는 성인들은 인내심이 있을 것이라는 확신을 학생들에게 심어 주어야 한다. 성공을 향해 노력하고 있는 동안 그들은 이따금 스트레스를 느끼고, 초조해하며, 자기 자신에 대해 실망하는데, 이러한 모든 감정은 올바른 길을 가고 있다는 확실한 징후이자 동기가 유발되어 있다는 신호이다.

아이들에게 보다 높은 수준에서 성취할 수 있다는 확고한 믿음을 보여 주고, 이러한 믿음과 함께 아이들이 지속적으로 노력을 하도록 독려하는 것은 이들의 성취에 매우 중요하다. 성공한 성인은 자기가 어렸을 때 자신을 믿어 주는 성인이 있었음을 아이들에게 지적해 줄 수 있다. 아이들로 하여금 자기 자신에 대한 향상된 지각을 갖도록 하기 위해서는 아이들에 대해 긍정적인 기대를 갖고 이들과 의사소통하는 것이 가장 우선되어야 할 것이다.

또한 학생들이 자기 자신에게 거는 기대(자기 기대)는 학교나 상담센터를 통해 변화될 수 있다. 아이들의 교사들은 학급 집단 또는 학급 내 소집단별로 이들의 자기 기대를 수정해 나갈 수 있다. [그림 8]은 자기 기대를 변화시키기 위해 몇몇 학급 집단뿐만 아니라 집단치료에서 사용된 주제들을 포함한다. 학교 상담가들 또한 이러한 집단 접근방법들을 사용해서 또래 기대를 수정할 수 있는 기회를 가질 수 있다. 집단상담에서 상담가들이 참고할 수 있는 지침서는 『Exploring Feelings』(Rimm, 1990a), 『Gifted Kids Have Feelings Too』(Rimm, 1990b), 『See Jane Win® for Girls』(Rimm, 2003)를 포함한다. 이 책의 마지막 부분에 나오는 자아 존중감(self-esteem), 흥미 그리고 역할 모델 연습은 실제로 성별에 관계없이 모든 아이들에게 사용될 수 있다.

부모 기대

부모들은 미성취 아이를 위해 단기 목적과 장기 목적의 두 가지 기대를 설정하는 것이 합리적이다. 단기 기대는 아이의 현재 성적보다 약간 높은 성적 수준에서 설정되어야 한다. 장기 목적은 보다 낙관

[그림 8] 학생들을 위한 소그룹 토의 주제

경쟁—게임하기
자신이 느낀 바에 대해 토의하기

경쟁—스포츠와 비교

또래 관계—인기 대 우정
읽기와 토의—똑똑하기에는 어리석다.

경쟁과 형제자매
읽기와 토의—형제와 자매

압박감—어떻게 내처할 것인가 그리고 어느 정도가 너무 많은 것인가

리더십 대 '보스 기질'—차이점 이해하기

부모 이해하기

책임과 조직

완벽주의

창의적 문제해결

출처: *Why Bright Kids Get Poor Grades—And What You Can Do About It*, by S. B. Rimm, 1995, p. 216. Copyright © 1995 by S. B. Rimm. 허락하에 재인쇄함.

적으로 설정될 수 있다. 만약 부모들이 노력하기, 기한 내에 모든 과제 완성하기, 시험 공부를 위해 공부 시간 양을 적절히 할애하기를 강조하면, 성적에 대한 기대와 관련한 논의는 부모가 아는 것과 아이의 관심사를 토대로 이루어질 수 있으며, 이를 통해 상호 합의점이 도출될 수 있다. 만약 예상했던 것보다 아이가 획득하고자 하는 성

적을 너무 높게 설정했다면 놀라지 말라. 대신에 그들이 지니고 있는 성적에 대한 기대는 초기에 충족될 수 있는 것이 아니라 장기적인 목적을 가지고 그들이 획득할 수 있을 것으로 기대되는 것임을 설명하라. '너무 높은' 목적은 아이들로 하여금 포기를 위한 변명을 제공하게 만들 수 있다. 결국, 아버지와 어머니 간의 일관성은 아이의 변화된 지각과 부모의 새로운 기대를 통합시키는 데 매우 중요하다. 부모는 또한 향상 과정 동안에 아이에 대해 인내심을 가져야 하며, 아이의 성적에 약간의 기복이 있을 수 있음을 예상해야 할 것이다.

교사 기대

교사 기대는 미성취자의 수행을 변화시키는 데 절대적으로 중요하다. 교사들은 검사 점수에 관심을 덜 기울이는 경향이 있으며, 아이들의 과거 수행에 더 많은 관심을 기울인다. 그러나 부모, 교사, 아이들은 현재 변화하고 있기 때문에, 교사들은 향상이 예상되는 곳에 개인적으로 관심을 기울이는 것이 특히 중요하다. 교사들은 IQ 점수를 지침으로 사용할 수도 있지만, IQ 점수를 아이들의 수행 역량의 한계로 사용하지 않는 것이 중요하다. 만약 점수가 정기적으로 하락한다거나 안정적이지 못하다면, 점수를 사용하는 교사들은 이러한 아이들에 대해 아주 낮은 목적을 설정할지도 모른다.

미성취자들이 더욱 나은 수행을 할 것이라고 예상하는 것과 더불어, 교사들은 자기 자신이 아이들에게 거는 더 높은 기대를 아이들에게 알려 주어야 한다. 부모와 마찬가지로, 아이들이 성공을 보일 때, 과도한 반응을 하지 말고 현재의 적절한 수행으로 나타난 그들의 성취에 대해 평상적인 기쁨을 보여 주는 것이 중요하다. 가끔씩 나타나는 좌절에 대해 과잉 반응을 보이지 않는 것 또한 중요하다. 그리고 예견되는 미래의 성공에 대한 확신을 노트에 간단하게 적어 놓는 것도 종종 효과적이다. 사적인 메시지는 교실에 있는 학생들 앞에서 구두로 전달하는 것보다 개인적이고 사려 깊게 느껴지며, 공적인 메시지는 특히 청소년기 학생들을 당황스럽게 할 수 있다. 따라서 한 가지 유의해야 할 점은 긍정적인 교사 기대가 아이의 태도를 변화시킬 수 있는 반면에, 부정적인 교사 기대는 아이를 그릇되게 할 수 있다는 것이다.

또래 기대

또래의 기대가 성취에 미치는 효과는 중·고등학교 시기와 달리 초등학교 시기에 매우 뚜렷하게 나다닌다. 그러나 모든 시기에서 또래들은 미성취를 전환하는 데에 확실히 영향을 끼친다.

초등학교 시기에 학급의 '바보' 또는 '문제아'는 인기가 없다. 교사들은 문제 행동을 보이는 아이가 누구인지를 학급 전체 학생들 앞에서 종종 말한다. 그러나 교사들이 대부분의 부정적인 메시지는 개인적으로 전달하고 약간의 긍정적인 메시지는 많은 사람들 앞에서 말할 수 있다면 많은 문제 학생들이 외부로 표출되지 않을 수 있다. 교사들은 점진적으로 긍정적인 표현을 해야 하며, 변화의 기적이 일어난 것처럼 하지 않도록 주의해야 한다. 미성취자들이 보인 성취에 대해 점진적으로 인정해 주고 부정적인 피드백의 횟수를 줄여 나간다면, 미성취 아이가 새롭게 지니게 된 성공적 이미지는 또래들로부터 쉽게 긍정적으로 수용될 것이다.

중 · 고등학교 시기에 또래 기대를 변화시키는 것은 매우 다른 문제이다. 이 시기에 교사들이 또래들에게 영향력을 행사하는 것이 꽤 수월하지는 않다. 그러나 호감 있는(well-liked) 교사들은 또래의 수용 면에서 긍정적인 영향력을 계속해서 행사할 수 있기는 하다. 미성취자가 학교를 좋아하는 태도를 지닌 또래 집단의 구성원이라면 미성취자의 향상된 성취는 종종 친구들이 그에게 기대한 바일 것이며, 이에 대해 친구들로부터 격려를 받게 될 것이다. 그러나 미성취자가 학교를 좋아하지 않는 태도를 지닌 또래 집단의 구성원이라면, 미성취자의 성적이 향상되었을 때 친구들은 그를 수용하지 않을 것이다. 부모들은 실제로 친구들을 바꾸라고 자녀에게 이야기하기를 원할 것이다(Rimm, 2005).

부모들이 자녀에게 또래 집단을 바꿀 것을 요청하면 아이들은 이에 동의하지 않을 수도 있다. 또래 압박은 심지어 성인들에게도 영향을 끼친다는 것을 강조함으로써, 성인들이 아이들에게 윽박지르지 않는다는 것을 아이들이 이해하도록 도와줄 수 있을지도 모른다. 물론 아이들은 현재의 또래들과 즐겁게 지내고 그들에게 소속되어 있다는 느낌을 받으므로, 부모들은 아이들로부터 즉각적인 수용을 기대할 수 없다. 많은 아이들은 자기 자신을 다른 무리들과 연결 지을 수 있다고 생각하므로, 하나 이상의 집단과 어울리도록 아이를 격려하는 것이 도움이 될 수 있다.

또래 집단은 청소년의 성취에 매개적인 영향을 끼친다고 하는 연구가 나타난 바 있다. Steinberg, Dornbusch와 Brown(1992)은 잘 양육된 청소년들의 또래들이 성취자가 아닐 때 이들의 성취가 감소

되며, 그 반대의 경우 또한 나타난다는 것을 밝혀냈다. 심지어 부적절한 방법으로 자녀 양육을 하는 부모 밑에서 성장한 청소년이라 해도, 긍정적인 또래 집단과 어울림으로써 이들의 성취가 향상되었다. 8,000명의 고등학교 학생들을 대상으로 한 다른 연구에서 Brown과 Steinberg(1990)는 고성취자들(high achievers)의 오직 10%만이 '머리가 좋은' 사람들과의 친밀한 관계를 인정하고 있음을 밝혀냈다. 이 비율은 여성들에게는 약간 낮았는데, 아시아 학생들에게는 다소 높았다. 아프리카계 미국인 학생들 사이에서는 어느 누구도 '머리가 좋은' 사람들과 어울리기를 바라지 않았다.

단계 4: 역할 모델 동일시

Rimm이 제2법칙에서는 "아이들이 모방할 효과적인 모델을 가지고 있을 때, 적절한 행동을 더 쉽게 배울 수 있다."고 진술하고 있다. 아이들이 가족 모델(family models)을 골라서 무의식적으로 모방하는 과정을 동일시(identification)라고 부른다. 미성취 패턴을 자발적으로 전환시킬 때, 미성취자들은 방향을 전환하는 데 중추적인 역할을 한 중요 인물을 빈번하게 언급한다. 이러한 인물들은 아이들이 동일시하는 역할 모델이며, 이들은 아이들이 본받을 수 있는 좋은 적응 패턴, 작업 습관, 공부 습관, 생활 철학 및 직업 목적을 지니고 있다. 여러 사람이 어떤 한 사람을 위한 역할 모델이 될 수 있다. 모델을 모방하는 것은 미성취를 전환하는 데 중요하기 때문에 역할 모델을 어디서 찾을 것인지는 물론, 적절한 모델을 동일시하도록 격려하는 과정에 역점을 두어야 할 것이다. 간혹 모방하기 위해 선택된 사람이 성취 동기를 유발시키기에 부적절할 수도 있다. 아이들은 기적 같고 마술 같은 성공 신화를 갖고 있는 록스타, 스포츠 영웅, 억만장자를 역할 모델로 선택할 수도 있다. 그들은 의상, 음악 스타일, 그리고 공상적인 면에서 이러한 비현실적인 모델들을 모방한다. '실제 인물들' 중에서 뽑힌 모델들은 유명하지도 않고 스포츠 우상도 아니기 때문에, 이들을 비현실적인 모델들과 비교하는 것은 부적절해 보인다. 미성취자들은 이러한 사람들이 그 위치에 도달하게 된 과정과 경쟁에서 중도 탈락한 수천만의 다른 사람들에 대한 어떤 생각도 없이, 이러한 우상들을 자신이 모방할 역할 모델로 선택하는 경향이 있다. 영웅적 공상 그 자체가 해로운 것은 아니지만, 이것이 노력을 기울이는 것과 보다 현실적인 모델을 모방하는 것을 대체하게 될 때, 성취를 가져다줄 수 있는 필수적인 기술을 학습하는 데에 방해가 될 수 있다(Rimm, 2005).

모델의 출처

많은 아이들의 경우, 가족 구성원이 역할 모델을 제공해 주는 최상의 출처이다. 긍정적이고 성취 지향적인 부모가 이상적이다. 아이들은 오직 보이는 것만을 모방할 수 있기 때문에 부모의 성취 지향이 아이들에게 뚜렷하게 보여지는 것은 중요하다. 따라서 부모의 긍정적인 사고인 '직업적 자아(work selves)'가 직장에서만 나타나고, 가정에서는 단지 불만에 가득 차 있는 부정적 자아만을 보인다면 유익한 모방을 위한 기회가 거의 없을 것이다. 성인들이 아이들로 하여금 모방되기를 바라는 성취 지향은 종종 비가시적이다. 대부분의 아이들이 직장에서 일하는 부모를 보는 것이 가능하지 않기 때문에, 부모들은 자녀에게 자신의 직업에 관해 설명해 주어야 한다. 자녀에게 자신의 직업에 대해 적절한 메시지를 전달하기 위해 부모들은 열정, 도전, 노력 및 만족감이 담겨 있는 설명을 해야 한다.

아이들에게 낙담과 좌절 그리고 실패 경험을 언급하는 것은 분명히 현실적이고 정직한 방법이다. 그러나 직업을 항상 부정적으로 묘사한다면, 아이들에게 노력에 대한 열정이 고취될 이유가 없을 것이다. 그들은 오로지 부정적인 성취 모델만을 볼 것이며, 역할 모델로 부모를 거부하거나 혹은 부모의 부정적 태도를 채택하기 위한 근거로 사용할 것이다. 아이들은 일을 좋아하지 않게 될지도 모른다. 아이들은 고된 일을 회피하고 낙천적인 생활양식에 기초한 '놀이' 가치체계를 부모의 가치 체계보다 훨씬 나은 것으로 선호하기 때문에 열심히 공부할 필요가 없다고 확신할 것이다.

교사들은 특히 역할 모델로 가치가 있다. 아이들은 종종 특정 교사에 대해 각별한 존경심을 보인다. 그들은 역할 모델로 한 명의 교사를 자연스럽게 선택할 것이며, 아이들로부터 역할 모델로 선택된 특정 교사들에게는 그들을 닮고자 열망하는 수십 명의 학생들이 따르게 된다. 그러나 매우 특별한 교사들만이 학생들로부터 존경을 받게 되는데, 탁월한 교사들만이 역할 모델로서 자신을 바라보는 학생들을 지도하기 위해 시간과 노력을 투자할 의지를 보인다. 교사들은 매일의 일상과 책임져야 할 업무로 인하여 그들 자신이 학생들에게 끼치는 영향력을 느끼지 못할 수 있지만, 교직에 종사하는 동안 실제로 수백 명의 미성취 학생들에게 긍정적인 영향을 줄 수 있다. 거의 모든 사람들의 삶에는 긍정적인 영향을 준 중요한 교사들이 있다. 어떤 교사들은 학생들이 기술을 연마할 수 있도록 도움을 주었으며, 또 다른 교사들은 학생들이 지닌 자신감을 증진시켜 주었다. 적절한 역할 모델이 없는 아이들에게 교사들은 이들의 텅 빈 공간을 메워 주기도 한다. "내가 너처럼 어렸을 때, 너와 같은 느낌을 가졌던 것으로 기억한단다."라는 말은 아이와 성인을 동일한 관계로 본다는 사실에 대한 솔직한 진술일 것이다. 이러한 진술은 아이로 하여금 성인을 매우 인간적이고 가까이 다가가기 쉬운 존재로 여기게 해 준다. 또한 아이로 하여금 자기 자신과 그 성인 간의 유사성을 알 수 있도록 북돋아 주기도 한다.

아이와 서로 닮은 점을 찾아 나감에 있어 성인들이 유의해야 할 사항은 성인 자신이 미성취의 모델이 되기를 바라지 않는다는 것이다. 예를 들어, 성인이 "나는 미성취자였으며 그 문제를 극복해 냈단다." 라고 말한다면 아이 또한 그 문제를 자동적으로 극복할 수 있을 것이라고 가정할 수도 있다. 성인 모델을 무의식적으로 모방하도록 이끄는 두 변인은 그 둘 사이의(성인 모델과 아이) 양육(nurturance)과 닮은 점(similarities)이다(Hetherington & Frankie, 1967; Mussen & Rutherford, 1963). 개인적 관심사와 닮은 점을 엮어 관련성을 제공함으로써, 성인은 아이가 개인적 목표를 찾는 데 큰 영향을 줄 수도 있다. 동일시를 강화시키는 세 번째 변인은 권력(power)이지만, 모방 학습을 하는 데 세 변인 모두가 필요한 것은 아니다. 동일시할 역할 모델을 신중하게 선정함에 있어 성인과 아이 간의 서로 닮은 점은 도움이 될 수 있다. 그러나 긍정적으로 닮은 점을 찾는 것이 확실히 더 현명하다.

불행히도 아이들이 미성취하여 낮은 자아 개념을 가지거나 반항적일 때, 그들은 동일한 재능과 경험, 미성취 태도를 공유하는 부적절한 모델들에게 끌리기 쉽다. 따라서 목표를 상실한 젊은 미성취 성인들은 미성취 십대 청소년들에게 부정적인 모델이 되기 쉽다. 이는 그들이 나이가 더 많은 데다 경험이 더 많고, 힘도 더 세고 활기차 보이므로, 외양만 눈부신 젊은 성인의 좌절하는 모습을 본 어린 청소년들은 쉽게 넘어가 버린다. 젊은 성인들(young adults)은 부모에게 반항하는 십대 청소년들을 위해 일시적인 보호, 은신처, 지원을 제공할 수 있다. 그러나 이는 영구적이거나 긍정적인 지원인 경우가 거의 드물며, 지원하는 과정에서 교육적 기회를 위한 문호가 폐쇄될 수 있다.

잠재적으로 적절한 모델들에게서 더 이상 아이들이 긍정적인 면을 찾지 못할 때 생기는 공허함으로부터 청소년을 보호하라. 부모와 교사들이 지속적으로 학생들을 비판할 때, 학생들은 이런 비판을 하는 사람들을 모델로 선택하지 않는다. 아이들에게서 긍정적인 특성을 찾아라. 그러면 아이들은 성인의 지도에 더 잘 따를 것이며, 적절한 역할 모델로 둘러싸인 환경을 선택할 것이다.

단계 5: 결핍의 교정

미성취 전환(reversal)의 다음 단계는 어려워도 간과될 수는 없다. 학교에서 형편없이 생활하는 미성취자들은 더 나은 성공을 위해 필요한 기초 교육기술(educational skill)을 학습하지 못했을 수도 있다.

[그림 9] 읽기 불안을 줄이기 위한 팁

- 자녀의 읽기에 대한 부모의 불안이 자녀에게 전달될 수 있기 때문에, 가정에서 아이에게 큰 소리로 읽기를 강요하지 말아야 한다. 대부분의 부모들은 잘 읽지 못하는 아이가 큰 소리로 읽을 때 긴장감을 느낀다. 아이도 물론 큰 소리로 읽기로 마음먹었으면 그렇게 할 것이다. 또한 성인 독자들처럼 그들은 구두로 읽는 것이 중요하다고 거의 생각하지 않을 것이다.
- 부모들은 아이가 읽기를 좋아하는 한 아이에게 큰 소리로 읽어 주어야 한다(8학년도 많은 나이는 아니니다).
- 아이들이 만약 취침 전에 침대에서 스스로 읽기를 하고자 한다면 밤에 30분 정도는 더 깨어 있도록 허용할 수 있다(아이들은 대개 잠들기를 좋아하지 않는다. 자고 싶어 하는 사람은 바로 어른이다).
- 잠들기 전에는 뭐든 아이들이 좋아하는 것을 읽도록 격려하라. 그들에게 학년 수준에 맞는 학습 자료 읽기를 강요하지 말라. 만화, 스포츠 잡지, 평이하게 읽을 수 있는 자료, 그리고 여러 번 읽은 책은 모두 독서의 즐거움을 만끽하는 데에 좋은 자료이다. 만약 그들이 읽기를 좋아한다면 읽기 능력이 향상됨에 따라 자기 자신의 흥미 분야를 확장시킬 수 있을 것이다.
- 아이들로 하여금 CD로 이야기를 들으면서 이야기를 읽도록 격려하라. 그들이 실제로 읽는지 확인하기 위해 그들 주변을 맴돌지 말라. 그들은 결국 읽게 될 것이다.
- 부모가 독서하기를 즐긴다는 것을 자녀가 알도록 하기 위해 책을 주변에 두고 독서하기를 모방하라. 신문이나 잡지도 적합할 것이다.
- 학교에서 아이들에게 혹은 어린 형제자매들에게 책을 읽어 주는 것을 장려하고, 그들의 형제자매들이 그들보다 더 책을 잘 읽는 것은 아님을 알려 주어라.
- 여행 또는 쇼핑 중에 서점과 도서관을 들러 책들을 훑어보아라.

출처: "Tips to Reduce Reading Anxiety," by S. B. Rimm, 1994b, *How to Stop Underachievement Newsletter*, 5(1), pp. 1–3. Copyright © 1994 by Educational Assessment Service. 허락하에 재인쇄함.

[그림 10] '글쓰기' 불안을 줄이기 위한 팁(쓰기 문제)

만약 당신의 아이가 글씨를 느리게 써서 글쓰기를 싫어한다면, 아이는 이러한 문제를 극복할 수 있을 것이다. 글자 베껴 쓰기와 글쓰기에 필요한 소근육 협응이 다른 사고 능력 및 학습 능력보다 더욱 더디게 발달한다는 점에서 많은 초등학교 연령의 아이들은 균형이 잡히지 않은 발달을 보인다. 이는 여자 아이들보다는 남자 아이들에게 보다 빈번히 나타나는 문제인 것으로 보인다. (놀랍게도 이것은 드라이버, 레고, 혹은 컴퓨터 게임기를 사용하는 데 영향을 주지 않는다.)

과제 기한이 정해져 있든 그렇지 않든, 아이들은 과제를 끝마치는 데 급우들보다 뒤처져 있을지도 모르기 때문에 글쓰기 숙제와 관련한 불안감을 갖게 된다. 그들은 빠른 것이 곧 '똑똑한' 것이라 생각하며, '바보'라는 느낌을 회피하기 위한 방법을 모색한다. 그들은 숙제를 끝마치지 않거나 혹은 재빠르게 조심성 없이 숙제를 할지도 모르며, 글쓰기 숙제가 지루하다는 불평을 할지도 모른다. 이는 아이들로 하여금 글쓰기를 싫어하게 만들며, 글로 쓰는 숙제에 대해 불안감을 지니게 한다.

'글쓰기 불안(pencil anxiety)'을 지니고 있는 아이들을 도울 수 있는 몇 가지 일반적인 제안 사항은 다음과 같다.

- 아이가 이야기 또는 보고서 쓰기를 할 때 모든 초안을 컴퓨터로 작성하도록 격려하라.
- 아이가 글쓰기를 시작하기 이전에 녹음기에 이야기를 말하도록 격려하라. 이렇게 함으로써 그들의 아이디어 생성이 촉진된다.
- 숙제를 하기 위해 연필 대신에 가는 선을 그을 수 있는 형광펜 사용을 허용하라.
- 아이가 '속도내기' 연습을 할 수 있도록 하라. 이것은 개인적인 자기 경쟁 모델이다. 아이들은 필기 자료 베껴 쓰기나 수학 문제 풀기를 할 수 있으며, 스톱워치와 여러 장의 동일한 수학 문제 혹은 베껴 쓸 필기 자료가 필요할 것이다. 아이는 우선 자료를 베껴 쓰고, 달력에 기록한 시간을 적

[그림 10] (계속)

어 둔다. 다음 날 아이는 동일한 자료를 필기하고 소요 시간을 기록해 둔다. 목적은 자기가 기록한 시간을 경신하는 것이다. 매일 동일한 자료를 써 보는 것은 지루할 수 있지만, 그들은 쓰는 속도가 보다 빨라질 수 있음을 깨닫게 될 것이다. 시간을 재는 것이 일상적인 습관이 되면, 그들은 시간 제한을 둔 시험에 대해 훨씬 긴장 이완을 하게 되고 향상을 보일 것이다.

- 지능과 속도가 동일하지 않다는 것을 강조하는 구체적인 언급을 해 줌으로써 기대를 변화시켜라. 당신이 말할 수 있는 몇 가지 예는 다음과 같다.
  - 어떤 지적인 아이들은 과제를 빨리 끝마치지만, 매우 지적인 어떤 아이들은 과제 수행 속도가 느리기도 하다.
  - 질은 양보다 더 중요하다.
  - 작가들은 만족감을 느끼기 전에 항상 수많은 초안을 쓴다.

출처: "Tips for "Pencil" Anxiety (Writing Problems)" by S.B. Rimm, 1994a, *How to stop Underachievement Newsletter*, 5(1), p. 3. Copyright © 1994 by Educational Assessment Service. 허락하에 재인쇄함.

심지어 영재아들도 얼마나 오랫동안 문제를 지니고 있었는지와, 그들의 능력에 따라 그 정도가 다르긴 하지만 주요 기술이 결핍되어 있을 수 있다. 기초 기술 영역은 읽기와 수학, 쓰기, 언어와 같은 네 가지 기본적인 범주로 구분된다. 목적 지향적인 개별 지도방법은 기술의 격차를 효과적으로 제거하는 데에 가장 적절하다. 읽기와 쓰기 불안에 관한 특별한 팁은 [그림 9]와 [그림 10]에 서술되어 있다.

단계 6: 집과 학교에서의 수정

단계 6은 매우 포괄적이기 때문에 단지 예시적 접근방법들만이 포함되었다. 미성취자를 전환시키기 위해 부모와 교사들이 선택할 수 있는 수백 개의 기법이 있다(Coil, 2001, 2004; Delisle, 2004; Kottmeyer, 2004; Rimm, 1995; Siegle, 2004). 그 기법들은 책과 논문, 인터넷에서 볼 수 있다. Hoagies' Kids와 Teens 웹페이지의 웹마스터인 Carolyn Kottmeyer는 참고자료로 다양한 웹사이트 목록을 작성하였다. 이들 목록에는 특정 아이들에게 효과적인 것도 있고, 그렇지 않은 것도 포함되어 있다. 의존적인 아이들의 경우, 그들의 독립심을 점차적으로 기르는 것이 중요하다. 지배적인 아이들의 경우, 성인들을 적대시하는 대신에 그들과 협조하도록 지도하고, 확고한 한계를 유지하면서 성공하기 위한 권한을 그들에게 주는 것이 가장 좋다. 교사들이 지지적이고 단호해지되 친절해지기 위해 시도한 진심어린 충고는 의존적 · 지배적 미성취 학생들 모두에게 대부분 효과적인 것으로 보인다. 다음 세션에서는 교사와 부모가 시도해 볼 만한 많은 제안 사항들 중 몇몇 사항에 대해 논의할 것이다.

경쟁 지도하기

가족들끼리 게임하는 것은 경쟁하기를 학습하기에 좋은 연습이다. 유머 또한 아이들이 실패에 대처하는 데 도움이 된다. 아이들로 하여금 자기 자신과 경쟁하게 하거나 자신의 기록을 경신하게 하는 것은 경쟁 시에 자신감을 형성할 수 있도록 초기에 사용될 수 있는 좋은 수단이다. 농구공 슛이나 수학 공식을 암송하는 속도나 정확도, 혹은 아이가 읽은 책의 수를 개인적으로 기록해 놓는 것은 사적인 경쟁이 재미있다는 생각을 갖게 해 준다.

미래 문제해결(Future Problem Solving)과 OM 대회(Odyssey of the Mind: 창의력을 경연하는 대회), 스포츠, 논쟁, 음악이나 드라마 단체들과 같은 집단별 혹은 팀별 경쟁은 지지적인 팀 멤버들과 함께 경쟁에 참여하는 것을 촉진하는 모든 접근방법이다. 마지막 단계로 4-H, 웅변대회 그리고 특정 음악, 예술, 혹은 작문 콘테스트와 같은 경진대회에 참가하는 것은 보다 어려운 단계이지만, 이기는 것과 지는 것 모두 정상적이고 건강한 것이라는 기초적인 개념을 가르쳐 준다.

판단 유보 지도하기

높은 수준의 산출물을 만들어 내야 한다는 것과 문제에 대한 해결책을 찾아내야 한다는 것에 대한 압박감을 제거함으로써, 아이들은 더욱 많은 아이디어를 산출해 낼 수 있게 될 것이다. 아이디어 산출을 위한 충분한 시간을 제공하는 것과 창의적 사고는 빠르거나 느릴 수 있음을 알려 주는 것 또한 긴장감을 감소시켜 준다. 모든 아이디어가 수용되는 안전한 환경을 아이들에게 제공해 주어야 한다. 판단 유보의 개념은 아이디어 산출을 위해 배정된 시간 동안 아이들 자신을 포함한 어느 누구도 수집된 아이디어에 대해 긍정적 혹은 부정적 의견을 개진하지 못하도록 하는 것을 의미한다.

아이디어를 산출하기 위한 이 전략은 개인별 또는 집단별로 실행

될 수 있다. 브레인스토밍(Osborn, 1993)은 창의적 아이디어 산출을 위해 여러 사람들이 함께 논의하는 과정에서 사용되는 방법이다. 브레인스토밍은 아이들이 평가에 대한 압박을 받는 상황에서는 떠오르지 않는 아이디어를 발산하도록 촉진하는 매우 효과적인 방법이다. 아이들은 문제에 대한 아이디어를 개인적으로 찾을 수 있도록 가르침을 받아야 한다. 예를 들면, 과학 박람회 프로젝트를 위해 아이디어를 떠올려야만 하는 아이는 책 또는 인터넷에서 얻은 아이디어 목록을 작성하도록 격려되어야 하며, 아이가 아이디어 목록을 길게 만들 때까지 이에 대한 판단이 유보되어야 한다. 창의적 문제해결을 위한 기법을 배운 아이들은 일반적 사고에 이들 접근방법을 통합하고 수동적 태도와 완벽주의를 없애기 위한 자신감을 계발하기 시작한다.

다른 아이들 가르치기

많은 교사들은 아이들에게 다른 아이들을 개인적으로 가르치거나 도와줄 것을 요청한다. 미성취자들에게는 이러한 기회가 거의 주어지지 않는다. 그러나 자신감 증진을 위한 경험이 누구보다 더 많이 필요한 아이들은 바로 미성취 학생들이다. 그들은 자신이 속해 있는 학급의 다른 아이들을 가르칠 수 있을지도 모른다. 그러나 어떻게 해서든 자기 자신보다 더 어린 아이들을 개인적으로 가르치거나, 책을 읽어 주거나, 혹은 멘토링을 할 수 있는 기회가 주어진다면 그들의 자신감이 보다 증진될 것이다. 이렇게 다른 아이들을 가르치는 것은 그들이 가장 자신 있어 하는 영역이나 가장 취약한 영역에서 나타날 수 있다. 어려운 교육과정 자료는 그들이 이를 어린아이에게 설명해 줄 때 보다 명확해진다. 이 기법은 독자적으로 사용되지 말아야 하며, 또는 영재아가 새로운 자료를 스스로 터득할 수 있는 기회를 제공해 주지 않고는 사용되지 말아야 한다는 것을 교사들은 명심해야 한다. 그렇지만 다른 아이들을 개별적으로 가르쳐 보는 것 또한 미성취 학생들의 자신감을 확실하게 증진시켜 준다는 것을 교사들은 유념해야 한다.

속진 그리고 교과목과 학년 월반하기

유치원 조기 입학, 교육과정 압축, 학년 월반, AP 과정, 대학 조기 입학을 포함하는 모든 속진의 유형에 관한 많은 연구가 있다(Colangelo, Assouline, & Gross, 2004). 아이들의 IQ와 성취 검사 점수가 더 이상 그들이 도전감을 갖지 못한다는 것을 제시해 준다면 과목과 학년 속진을 고려하는 것이 적절하다. 정서적 성숙과 또래 관계는 성공적 적응을 예언할 것이며, 또한 이를 고려할 필요가 있다. 만약 교사들이 학년 월반이 적절하지 않다고 믿는다면, 학년을 월반한 아이들은 상당한 압박감을 느낄지도 모른다. 따라서 교사가 이를 수용하는 태도가 중요하다. 많은 교사들과 교장들은 학년을 월반하는 아이들에 대해 부정적이지만, 적절한 학년 월반은 대체로 학문적 · 사회적으로 좋은 성과를 거두는 것으로 여러 연구에서 나타난다(Colangelo et al., 1994, 2004).

숙제를 습관적으로 제출하지 않았지만 적절한 도전감을 갖게 하기 위해 속진되어야 할 필요가 있는 미성취자들의 경우, 그들이 속진

할 준비가 되어 있음을 입증하기 위해 성취해야만 하는 몇몇 단기 목적을 설정하는 것은 좋은 생각이다. 대부분의 경우, 이 학생들은 속진이 적합하다는 것을 학교에 열심히 증명해 보인다.

권한과 청중 제공해 주기

아이들이 내면적 자신감을 증진시킬 수 있도록 도와주고, 이들이 다른 사람들을 조종하지 않도록 하게 하는 가장 효과적인 방법은 성취감을 느끼게 해 주는 흥미 분야에 이들의 에너지를 쏟게 하는 것이다. 자신의 취약한 분야에서 이를 끌어 올릴 수 있는 강점을 찾고자 할 때, 청중에의 의존은 긍정적으로 사용될 수 있다. 이는 2단계 과정으로 되어 있다. 단계 1은 자신이 능숙하게 할 수 있는 활동을 찾아내는 것을 포함하는데, 이를 청중으로부터 제공받기도 한다. 단계 2는 학생들의 취약한 분야를 계발하기 위한 활동으로 확장해 나가는 것이다. 예를 들면, 학급 내에서 익살을 떠는 것을 즐기는 아이는 종종 희곡 작품에 나오는 배역을 잘 소화해낸다. 만약 기억력이 취약하다면, 대사를 기억하고 리허설 일정을 기억하는 것을 학습함으로써 취약한 영역에 대한 자신감을 키울 수 있다.

다른 기법들

상당한 인내심을 지닌 부모와 교사들이 용기를 북돋아 줌으로써 학생들은 자신의 미성취를 전환시킬 수 있음을 깨닫는 것이 가장 중요하다. 미성취를 전환시키기 위한 몇몇 다른 기법들은 다음과 같다.

약점을 보강하기 위해 강점 사용하기. 아이들의 강점과 열정을 발견하고 이를 연마하기 위한 기회를 아이들에게 제공함으로써 이들을 학교 학습에 참여시킬 수 있다. 게다가, 아이들의 취약한 분야를 위해 이들의 열정을 이용할 수 있다. 예를 들면, 극문학을 좋아하는 언어 능력이 매우 뛰어난 아이들은 컴퓨터로 창의적인 이야기를 쓰기도 전에 이를 가족이나 친구들에게 말할 수 있다. 일단 창의적인 욕구가 충족되면, 그들은 글쓰기를 끝마칠 가능성이 더욱 높아진다 (Emerick, 1992; Renzulli, 1977; Renzulli & Reis, 1985, 1997).

속도내기. 글을 느리게 쓰는 아이들은 매일 수학 문제 한 페이지 분량을 푸는 데 소요된 시간을 기록하고 그 향상 정도를 계속 기록함으로써 자신의 시간 기록을 깰 수 있다. 학급 내 다른 학생들과의 경쟁은 아이들로 하여금 불안감을 초래하며, 이는 속도를 저해하기도 한다. 자신의 기록과 경쟁함으로써 자신감과 속도를 증진시킬 수 있을 것이다.

좌절감 극복하기. 뛰어난 아이디어를 지니고 있는 영재아들은 프로젝트의 방대함으로 인해 쉽게 난항을 겪게 된다. 방대한 프로젝트를 여러 부분으로 쪼개도록 영재아들을 가르치고 상위 목적에 이르게 하는 단기 목표들을 설정함으로써, 영재아들이 프로젝트를 진행해 나갈 수 있도록 도와줄 수 있다. 성공적인 인물들에 대한 일대기를 공부함으로써 이들이 성공하기 이전에 반복되는 좌절과 실패를 어떻게 극복해 왔는지를 이해하는 데 도움을 줄 것이다. 그들이 겪는 좌절이 그들의 부적절한 행동의 징후가 아니라 도전을 위한 기회를 수용했다는 지표에 불과하다는 것을 더 잘 이해할 수 있게 도와줄 것이다(Rimm & Rimm-Kaufman, 2001; Rimm, Rimm-Kaufman, & Rimm, 1999; Siegle, 2004).

기본적인 공부 습관. 영재아들은 자기 자신이 영재성을 지니고 있기 때문에 쉽게-거의 흡수하듯이-학습해야 한다고 종종 생각한다. 많은 영재아들은 공부가 반드시 필수적이라고 믿지 않으며, 재빨리 읽는 경향이 있다. 이들은 실제적인 공부 기법들을 학습함으로써 앞으로 남은 학교 교육을 보다 효율적으로 끝마칠 수 있게 될 것이다. 예를 들면, 문장을 요약하고, 에세이형 질문을 설계하고 이에 답하고, 단어를 써 보고, 실제로 연습문제를 푸는 것을 학습하는 것은 아이들이 유용하게 사용할 수 있는 몇몇 공부 지침 사항이다.

요 약

오늘날 얼마나 많은 미성취 영재들이 교실에 존재하는지를 추정하기는 어렵다. 많은 미성취 영재들은 성공의 부족으로 인해 영재 프로그램에서 중도 하차한다. 교실에서 더 이상 배우지 않는 몇몇 학생들은 IQ 점수가 하락하여, 부모와 교사들은 그들이 지닌 영재성에 대해 확신하지 못한다. 학교를 중퇴하는 아이들이 있는가 하면, 신체적으로는 학교 책상 앞에 계속해서 앉아 있으면서도 심리적으로는 학교를 중퇴하고 학습을 포기한 상태에 있는 아이들도 있다. 영재 교육자들이 조사한 결과, 일반적으로 영재학생들의 20~50%가 미성취하는 것으로 나타난 바 있다(Rimm, 2004a).

학교에서의 성취가 인생을 살아가는 데 있어 보다 큰 성취를 예측하기는 하지만, 성공한 수많은 성인들 중에는 아동기에 미성취자였던 사람들도 있다. 그들은 자신의 미성취를 전환하기 위해 도움을 준 교사, 상담가 혹은 그 외의 몇몇 다른 사람들을 종종 떠올린다(Emerick, 1992). 미성취자들을 위한 성공적인 개입에 대한 보다 많은 연구가 이루어질 필요가 있다 해도(Reis & McCoach, 2000), 교사들은 자기 자신이 가려낸 미성취 영재 전부는 아니지만 이들 중 몇몇 미성취자들에게 영향을 줄 수 있음을 깨달을 가능성이 높다.

이 지침서를 읽는 독자로서 당신은 미성취 영재들을 변화시킬 수 있는 잠재성을 지니고 있다. 당신의 헌신, 경험 그리고 이 책에서 소개된 추가적인 도구들은 미성취 아이들이 자기 자신의 강점들을 찾아내어 자신감 있는 학습자가 되도록 도움을 줄 수 있다. 도움이 제공되면 미성취 영재들은 자기 자신을 충족시키고 사회에 중대한 공헌을 하기 위해 성공적인 성과물들을 배우고, 창출하며, 생산해 낼 수 있다.

용어 해설

통제소재(locus of causality): 성공과 실패에 대한 책임을 자신의 내부 혹은 외부적 요소에 위치시키는 것을 뜻한다. 자신의 성과에 대한 책임을 노력과 같은 내부적 요소에 위치시키는 것을 내적 통제소재라 일컬으며, 운 혹은 운명과 같은 외부적 요소에 위치시키는 것을 외적 통제소재라 일컫는다.

미래 문제해결(future problem solving): 조지아 대학의 Paul Torrance에 의해 1975년에 창안된 프로그램으로, 영재학생들의 창의성, 의사소통 기술, 팀워크 기술 향상은 문제해결 모형을 학습하여 이를 일생생활에 통합하고, 이들의 탐구기술을 향상시키는 데 주된 목적을 두고 있다.

OM 대회(Odyssey of the Mind): 학생들의 자신감, 대인관계 기술 증진은 물론이고 창의적 사고와 문제해결 능력 향상을 위한 효과적인 프로그램으로 그 규모는 전국단위와 세계 단위로 구분된다.

교육과정 압축(compacting curriculum): 영재들이 보다 짧은 시간에 교육과정을 이수할 수 있도록 이미 숙달한 교과 내용을 생략하고 추가 자료를 조직화해 줌으로써 교육과정을 압축하는 것을 말한다.

AP 과정(Advanced Placement courses): 고등학교에서 가르치는 대학 수준의 과정으로, AP시험 점수가 높으면 대학 학점을 인정해 준다.

더 읽을거리

웹사이트

National Association for Gifted Children
http://www.nagc.org

2e- Twice Exceptional Newsletter
http://2enewsletter.com

Council for Exceptional Children
http://www.cec.sped.org

Supporting Emotional Needs of the Gifted
http://www.sengifted.org

Association for the Education of Gifted Underachieving Students
http://www.aegus.org

Parent Encouragement Program
http://www.parentencouragement.org

Hoagies' Gifted Education
http://www.hoagiesgifted.org

The Association for the Gifted(TAG)
http://www.cectag.org

American Association for Gifted Children(AAGC)
http://www.aagc.org

참고문헌

Baker, J., Bridger, R., & Evans, K. (1998). Models of underachievement among gifted preadolescents: The role of personal, family, and school factors. *Gifted Child Quarterly, 42*, 5–14.

Baldwin, A. (1987). I'm Black but look at me, I am also gifted. *Gifted Child Quarterly, 31*, 180–185.

Battle, J. (2002). *Why bright kids fail: Helping the underachiever*. Retrieved September 15, 2004, from http://www.about-underachieving-teens.com/why-bright-kids-fail.html

Baum, S. (2004). The promise of talent development for two exceptional youngsters, *Gifted Child Quarterly, 34*(4), 13.

Baum, S., Renzulli, J., & Hébert, T. (1995). *The prism metaphor: A new paradigm for reversing underachievement*. (Collaborative Research Study 96310). Storrs, CT: University of Connecticut, The National Research Center on the Gifted and Talented.

Bos, C., Nahmias, L., & Urban, M. (1999). Targeting home-school collaboration for students with ADHD. *Teaching Exceptional Children, 31*(6), 4–11.

Brown, B., Mounts, N., Lamborn, S., & Steinberg, L. (1993). Parenting practices and peer group affiliation in adolescence. *Child Development, 64*, 467–482.

Brown, B., & Steinberg, L. (1990). Academic achievement and social acceptance: Skirting the "brain-nerd" connection. *Education Digest, 55*(7), 55–60.

Butler-Por, N. (1987). *Underachievers in school: Issues and intervention.* Hoboken, NJ: John Wiley & Sons.

Clark, B. (2002). *Growing up gifted: Developing the potential of children at home and at school* (6th ed.). New York: Prentice Hall.

Colangelo, N., Assouline, S., & Gross, M.U.M. (2004). *A nation deceived: How schools hold back America's brightest students* (Vols 1 and 2). Iowa City, IA: The Connie Belin & Jacqueline N. Blank International Center for Gifted Education and Talent Development.

Colangelo, N., Kerr, B., Christensen, P., & Maxey, J. (1993). A comparison of gifted underachievers and gifted high achievers. *Gifted Child Quarterly, 37*, 155–160.

Coil, C. (2001). *Motivating underachievers* (2nd ed.). Beavercreek, OH: Pieces of Learning.

Coil, C. (2004). The hidden gifted underachiever. *Gifted Education Communicator, 35*(4), 28.

Delisle, J. (2004). Comfortably numb: A new view of underachievement. *Gifted Education Communicator, 35*(4), 17.

Delisle, J., & Galbraith, J. (2002). *When gifted kids don't have all the answers: How to meet their social and emotional needs.* Minneapolis, MN: Free Spirit Publishing.

Dowdall, D., & Colangelo, N. (1982). Underachieving gifted students: Review and implications. *Gifted Child Quarterly, 26*, 179–184.

Dweck, C. (2000). *Self-theories: Their role in personality, motivation and development.* Philadelphia: Taylor & Francis Group.

Emerick, L. (1992). Academic underachievement among the gifted: Students' perceptions of factors that reverse the pattern. *Gifted Child Quarterly, 36*, 140–146.

Ford, D. (1996). *Reversing underachievement among gifted Black students: Promising practices and programs.* New York: Teachers College Press.

Ford, D., Grantham, T., & Milner, H. (2004). Underachievement among gifted African American students: Cultural, social and psychological considerations. In D. Boothe and J. C. Stanley (Eds.), *In the eyes of the beholder: Critical issues for diversity in gifted education* (pp. 15–31). Waco, TX: Prufrock Press.

Ford, D., & Tyson, C. (2004). Promoting achievement among culturally diverse students. *Gifted Education Communicator, 35*(4), 21.

Frasier, M. M., & Passow, A. H. (1994). *Toward a new paradigm for identifying talent potential.* (Research Monograph 94112). Storrs, CT: University of Connecticut, National Research Center on the Gifted and Talented.

Hetherington, E. M., & Frankie, G. (1967). Effect of parental dominance, warmth, and conflict on imitation in children. *Journal of Personality and Social Psychology, 6*, 119–125.

Jeon, K., & Feldhusen, J. (1993). Teacher' and parents' perceptions of social-psychological factors of underachievement of the gifted in Korea and the United States. *Gifted Education International, 9*, 115–119.

Karnes, F., & Bean, S. (Eds.). (2005). *Methods and materials for teaching the gifted* (2nd ed.). Waco, TX: Prufrock Press.

Kottmeyer, C. (2004). Solutions to underachievement. *Gifted Education Communicator, 35*(4), 44.

Lupart, J., & Pyryt, M. (1996). "Hidden gifted" students: Underachiever prevalence and profile. *Journal for the Education of the Gifted, 20*, 36–53.

Mussen, P. H., & Rutherford, E. (1963). Parent-child relations and parental personality in relation to young children's sex-role preferences. *Child Development, 34*, 589–607.

Nahmias, M. (1995). Communication and collaboration between home and school for students with ADD. *Intervention in School and Clinic, 30*, 241–247.

Osborn, A. (1993). *Applied imagination.* Buffalo, NY: CEF Press.

Pendarvis, E., Howley, A., & Howley, C. (1990). *The abilities of gifted children.* Englewood Cliffs, NJ: Prentice Hall.

Redding, R. (1990). Learning preferences and skill patterns among underachieving gifted adolescents. *Gifted Child Quarterly, 34*, 72–75.

Reis, S. (1998). Underachievement for some—Dropping out with dignity for others. *Gifted Education Communicator, 29*(1), 1, 19–24.

Reis, S., Hébert, T., Diaz, E., Maxfield, L., & Ratley, M. (1995). *Case studies of talented students who achieve and underachieve in an urban high school.* (Research Monograph 95120). Storrs, CT: University of Connecticut, National Research Center for the Gifted and Talented.

Reis, S., & McCoach, D.B. (2000). The underachievement of gifted students: What do we know and where do we go? *Gifted Child Quarterly*, *44*, 152-170.

Reis, S., & McCoach, D.B. (2002). Underachievement in gifted students. In M. Neihart, S. M. Reis, N. M. Robinson, & S. M. Moon(Eds.). *The social and emotional development of gifted children: What do we know?* (pp. 81-91). Waco, TX: Prufrock Press.

Renzulli, J. (1977). *The Enrichment Triad Model: A guide for developing defensible programs for the gifted and talented.* Mansfield Center, CT: Creative Learning Press.

Renzulli, J., & Reis, S.(1985). *The Schoolwide Enrichment Model: A comprehensive plan for educational excellence.* Mansfield Center, CT: Creative Learning Press.

Renzulli, J., & Reis S. (1997). *The Schoolwide Enrichment Model: A how-to guide for educational excellence* (2nd ed.). Mansfield Center, CT: Creative Learning Press.

Rimm, S. (1986). *AIM: Achievement identification measure.* Watertown, WI: Educational Assessment Service.

Rimm, S. (1988). *AIM-TO: Achievement identification measure—teacher observation.* Watertown, WI: Apple Publishing Company.

Rimm, S. (1990a). *Exploring feeling.* Watertown, WI: Apple Publishing Company.

Rimm, S. (1990b). *Gifted kids have feelings too.* Watertown, WI: Apple Publishing Company.

Rimm, S. (1994a). Tips for "pencil" anxiety (Writing problems). *How to Stop Underachievement Newsletter*, *5*(1), 3.

Rimm, S. (1994b). Tips to reduce reading anxiety. *How to Stop Underachievement Newsletter*, *5*(1), 2-4.

Rimm, S. (1995). *Why bright kids get poor grades—and what you can do about it.* New York: Crown Publishing.

Rimm, S. (1997). An underachievement epidemic. *Educational Leadership, 54*(7), 18-22.

Rimm, S. (2003). *See Jane win® for girls.* Minneapolis, MN: Free Spirit Publishing.

Rimm, S. (2004a, October). *Informal survey.* Teacher workshop on underachievement at Lakota Local School District, Office of Gifted Studies, Liberty Township, OH.

Rimm, S. (2004b, November). *Why bright kids get poor grades: The gifted underachiever and how you can help.* Teacher workshop, Catawba Country Schools, Hickory, NC.

Rimm, S. (2005). *Growing up too fast: The Rimm report on the secret world of America's middle schoolers* Emmaus, PA: Rodale Press.

Rimm, S., Cornale, M., Manos, R., & Behrend, J. (1989). *Guidebook—Underachievement syndrome: Cause and cures.* Watertown, WI: Apple Publishing Company.

Rimm, S., & Lowe, B. (1988). Family environments of underachieving gifted students. *Gifed Child Quarterly, 32*, 353-358.

Rimm, S., & Rimm-Kaufman, S. (2001). *How Jane won: 55 successful women share how they grew from ordinary girls to extraordinary women.* New York: Crown Publishing Group.

Rimm, S., Rimm-Kaufman, S., & Rimm, I. (1999). *See Jane win: The Rimm report on how 1,000 girls became successful women.* New York: Crown Publishing Group.

Schultz, R. (2000). Flirting with underachievement: Hidden for a reason. *Highly Gifted Children, 13*(2), 42-48.

Siegle, D. (2004). Living up to their potential. *Gifted Education Communicator, 35*(4), 31.

Siegle, D., Reis, S., McCoach, D. B., Mann, R., Green, M., & Scheiber, F. (2002). *Intervention strategies for improving academic achievement* [CD]. Storrs, CT: University of Connecticut, National Research Center on the Gifted and Talented.

Smutny, J. (2004). Creative underachievers … are they creative too? *Gifted Education Communicator, 35*(4), 41.

Smutny, J., & von Fremd, S. E. (2004). *Differentiating for the young child: Teaching strategies across the content areas (K-3).* Thousand Oaks, CA: Corwin Press.

Steinberg, L., Dornbusch, S., & Brown, B. (1992). Ethnic differences in adolescent achievement—an ecological perspective. *American Psychologist, 47,* 723-729.

Supplee, P. (1990). *Reaching the gifted underachiever.* New York: Teachers College Press.

Taylor, R. (1994). Risk and resilience: Contextual influences on the development of African American adolescents. In M. C. Wang & E. W. Gordon (Eds.), *Educational resilience in inner cities: Challenges and prospects* (pp. 119-137). Hillsdale, NJ: Lawrence Erlbaum.

Tomlinson, C. (2004). *The differentiated classroom: Responding to the needs of all learners.* Alexandria, VA: ASCD.

Tomlinson, C., Kaplan, S., Renzulli, J., Purcell, J., Leppien, J., & Burns, D. (2002). *The parallel curriculum.* Thousand Oaks, CA: Corwin Press.

Usdansky, M. (1994, August 30). More kids live in changing families. *USA Today,* p. A1.

VanTassel-Baska, J., & Little, C. A. (Eds.). (2003). *Content-based curriculum for high ability learners.* Waco, TX: Prufrock Press.

Weiner, I. (1992). *Psychological disturbance in adolescence* (2nd ed.). New York: John Wiley & Sons.

Whitmore, J. (1980). *Giftedness, conflict, and underachievement.* Boston: Allyn and Bacon.

Whitmore, J. (1986). Understanding a lack of motivation to excel. *Gifted Child Quarterly, 30,* 66-69.

Williams, V., & Cartledge, G. (1997). Passing notes to parents. *Teaching Exceptional Children, 30,* 30-34.

Winebrenner, S. (2001). *Teaching gifted kids in the regular classroom: Strategies and techniques every teacher can use to meet the academic needs of the gifted and talented.* Minneapolis, MN: Free Spirit Publishing.

Wolfle, J. (1991). Underachieving gifted males: Are we missing the boat? *Roeper Review, 13,* 181-184.

찾아보기

저자 소개

Sylvia Rimm 박사는 오하이오 주 클리브랜드 시에 위치한 가족성취클리닉(Family Achievement Clinic)을 운영하는 아동 심리학자이자 Case 의과대학의 임상 교수이다. 그녀의 전문 분야는 미성취 영재이다. 그녀는 *Rescuing the Emotional Lives of Overweight Children*, *How to Parent so Children Will Learn*, *Why Bright Kids Get Poor Grades—And What You Can Do About It*, *Raising Preschoolers*, *See Jane Win*, *How Jane Won®*, 그리고 *See Jane Win® for Girls*를 포함한 수많은 논문과 책의 저자이기도 하다. *See Jane Win*은 「뉴욕 타임즈」의 베스트셀러였으며, 오프라 윈프리 쇼, 투데이 쇼 그리고 「피플」지에 소개된 바 있다. 그녀는 또한 Gary A. Davis와 함께 『Education of the Gifted and Talented』의 공동저자이기도 하며, 현재 5판이 출간 중이다.

Rimm 박사의 자녀 양육 칼럼은 Creators Syndicate를 통해 전국적으로 배포되고 있다. 그녀는 수년 동안 공익 라디오 프로그램에서 각광받고 있는 인물로서 NBC 방송의 투데이 쇼에 9년 동안 정기 통신원으로 전국 TV 방송에 수없이 출연한 바 있다. Rimm 박사는 전국영재학회(National Association for Gifted Children) 이사를 맡고 있다.

역자 소개

안도희(dahn@cau.ac.kr)

- 중앙대학교 사범대학 교육학과 및 대학원 졸업
- 캐나다 University of Alberta 교육심리학 박사
- 동의대학교 평생교육학과 교수
- 한국영재학회 이사
- 영재교육연구 편집부위원장
- 현재 중앙대학교 사범대학 교육학과 교수

■ 주요 연구 및 논문

- Effects of science high schools on the development of talent in science for Korean gifted students. K. Tirri(Ed), Values and Foundations in Gifted Education(2007)
- Identifying Korean Gifted in Information Technology(2004)
- Factors influencing the learning process of gifted students(2003)
- 영재성의 발달 및 프로그램 효과에 관한 종단연구(2004, 2005)
- 영재의 후기 학업성취에 영향을 미치는 아동기 특성 및 환경요인(2004)
- 영재의 학업성취도와 사회적 성숙도에 따른 지적, 정의적 및 가정의 심리적 환경 특성 분석(2004)
- 영재성의 발굴 및 계발에 영향을 미치는 요인 분석 연구(2003)

김옥분

중앙대학교 대학원 교육학과 교육심리학 전공 박사과정

미성취 영재학생들을 위한 전략:
이들을 위한 대처 방안

When Gifted Students Underachieve:
What You Can Do About It

초판 인쇄	2007년 10월 10일
초판 발행	2007년 10월 15일
저 자	Sylvia Rimm
역 자	안도희 · 김옥분
발 행 인	홍진기
발 행 처	아카데미프레스
주 소	158-840 서울시 양천구 신월4동 547-1
전 화	(02)2694-2563
팩 스	(02)2694-2564
전자우편	info@academypress.co.kr
웹사이트	www.academypress.co.kr
등 록 일	2003. 6. 18
등록번호	제2005-000044호
I S B N	978-89-91517-30-1

가격 5,000원